# RELATION

DE

# MON VOYAGE EN ITALIE.

# RELATION

## DE MON

# VOYAGE EN ITALIE

*Offert à* _______________________

PAR

M<sup>me</sup> **FANNY ALBRAND.**

---

## MARSEILLE

TYPOGRAPHIE MARIUS OLIVE

RUE SAINTE, 39.

—

**1871.**

# MES ADIEUX A MARSEILLE

## EN PARTANT POUR ROME.

25 Novembre 1869.

Je te quitte à regret, Marseille, mes amours !
Adorable pays !... Dès ma plus tendre enfance
Puis-je ne pas t'aimer? Toi que je vis toujours
Prévenir mes plaisirs, mes vœux, ma jouissance,
Je ne t'accuse point d'un seul de mes malheurs ;
Mes chagrins sont à part de ton pouvoir suprême.
Car tu n'y fus pour rien ; je l'atteste quand même,
Et tu n'es pas mêlée au sujet de mes pleurs ;
Mais il en est ainsi, je pars, le froid me chasse,
Un soleil plus ardent m'appelle en d'autres lieux,
Et comme un pauvre oiseau qui n'attend pas la glace
Je vais à Rome enfin rendre un devoir pieux.
Là, je me nourrirai de mes saintes croyances,
Tous les arts à la fois m'offriront un attrait,
Et je pourrai puiser au fleuve des sciences
L'eau qui peut ranimer mon esprit imparfait.
Adieu donc, beau pays qui jadis me vit naître.
A mes amis, adieu! car loin d'eux je vivrai ;
Oh! ne m'oubliez pas, le temps est long peut-être
Mais au printemps prochain, bien sûr je reviendrai.

# MON

# VOYAGE EN ITALIE

---

..... Enfin je me décidai et je partis le 25 novembre 1869.
Depuis bien longtemps un voyage en Italie me souriait infiniment; plusieurs fois, de concert avec mon pauvre Albrand,
nous avions cherché les moyens de le faire, mais soit une raison, soit une autre, il avait toujours été renvoyé d'année en
année.

Hélas ! triste chose que de remettre sans cesse à plus tard
la réalisation d'un projet, d'un voyage, d'un désir quelconque à satisfaire ! Quel est l'être qui peut compter ou qui doit
compter sur le lendemain ? Mais il en est ainsi : on fait des
rêves de toutes sortes, des projets divers, on bâtit à grands
frais d'imagination de superbes châteaux en Espagne, la tête
travaille sans fin, et, bien vite, trop souvent, je puis dire, la
maladie, les infirmités, les souffrances, la mort même viennent
nous atteindre au moment où nous nous y attendons le moins
Il en fut malheureusement ainsi pour moi à l'époque dont je

veux parler : elle remonte à quinze ans déjà. Nous revenions, avec mon bon Albrand, de Paris, où nous étions allés voir l'Exposition de 1855; nous arrivions à peine, contents et heureux ; mais, sans nous donner le temps du repos, la mort vint frapper brusquement à la porte de notre demeure pour y enlever, après onze jours d'une maladie inattendue, ce qu'il y avait de plus cher, de plus précieux, de plus aimable pour moi, c'est-à-dire mon bon, mon excellent époux que j'adorais... Quelle perte, hélas !.....

Depuis lors, j'avais toujours éloigné la pensée de l'exécution d'un long voyage. Il me paraissait impossible de le faire toute seule aujourd'hui, quand j'en avais fait autrefois de si grands, de si beaux, avec mon pauvre ami. Je bornais seulement mon goût et ma passion de voir du nouveau à quelques excursions, courses ou promenades, pas trop éloignées de Marseille. Je cite, par exemple, une visite de deux jours à Frigolet, chez les Prémontrés, pendant les fêtes de Noël, en y comprenant la belle nuit de la veille qui fut magnifique. Les cérémonies religieuses se font si bien, avec tant de pompe, chez ces bons Pères, qu'on y prolonge un séjour avec le plus grand plaisir. Autre visite dans ces mêmes contrées à Eyrargues, à ma bonne amie M<sup>me</sup> Joly et à toute sa famille ; promenades dans toutes ces riches et vertes campagnes, grand produit et surtout grand commerce de chardons.

Je mentionne un petit voyage dans les Basses-Alpes, à Digne et dans ses environs, pays de mon bon père, pour revoir les quelques survivants des chers parents qui me restent dans ces contrées. Continuation de route par Sisteron sur Gap, où je passai pour la quatrième fois, en me disant toujours que c'était pour la dernière : cependant je m'y arrêtai de nouveau pour faire ma visite de passage à M<sup>gr</sup> Bernadou, évêque, et depuis archevêque de Sens. Monseigneur me reçut très-bien, fut très-aimable. Je lui portai les choses les plus amicales de la famille Berger, chez laquelle j'avais eu l'honneur de faire sa connaissance lors de la grande procession si renommée du 5 juin 1864, où il logeait chez eux. Je lui donnai des nouvelles de tous, ainsi que de ses autres connaissances de Marseille, et après avoir été parfaitement accueillie par Sa Grandeur, je la quittai pour mon pèlerinage à Notre-Dame du Lau, puis à celle de la Salette, où je passai quatre jours et fis à dessein de m'y trouver le 19 septembre, anniversaire de l'apparition.

Retour par la Grande-Chartreuse que je visitai pour la deuxième fois, et Grenoble pour la troisième. Je ne mentionne pas d'autres excursions dans nos environs, telles que la Sainte-Baume, Toulon, Hyères, Saint-Tropez, la Seyne, Six-Fours, Saint-Nazaire, Ollioules, à peu près tout le département du Var, et j'en reviens à mon voyage récent, c'est-à-dire à l'Italie.

Rome surtout étant mon rêve de prédilection, et la circonstance heureuse de l'ouverture du Concile allant avoir lieu, me décida tout à fait. Je trouvai que je n'avais pas de meilleur moment à attendre, et, après avoir fait un appel à mes amis, à mes connaissances, pour m'accompagner, il demeura, hélas! sans réponse favorable ; je partis seule alors avec ma bonne ; c'était une cuisinière qui me rendit les bons services de son savoir-faire, et ne me donna pas lieu de regretter les frais de son voyage ; il y eut certainement pour moi de l'économie.

Nous quittâmes Marseille par le train de huit heures précises du matin, le 25 novembre, sans l'accompagnement ordinaire des bons amis et des parents : je n'ai pas d'explication bien juste à donner sur cela ; je n'eus donc pour les derniers adieux du départ que ceux de M. et M<sup>me</sup> Eugène Hains (Madame fit route avec moi jusqu'à Toulon, où elle s'arrêta

pour visiter son beau-frère Nicolas Hains, ainsi que sa famille),
et ceux de **M.** Ferdinand Berger, qui fut assez aimable pour
se mettre à ma disposition en me rendant toutes sortes de
petits services, et en m'épargnant mille embarras qu'un départ entraîne toujours avec lui, ce dont je le remercie infiniment. Je n'étais pas arrivé à Aubagne que de tristes pensées
s'emparaient subitement de moi, en me tirant de l'étourdisse-
ment où mon départ m'avait jetée. Je me dis alors à moi-même :
« Que vais-je faire ? Je commence un voyage, seule, sans
amis, sans appui, sans la moindre connaissance, dans des
pays qui me sont inconnus, ne sachant pas même la langue
qu'on y parle pour me faire comprendre; pourquoi ce départ?
Pour satisfaire un goût insatiable, un désir de voir, de connaître, de changer de place; mais c'est peut-être une folie! L'opinion ou le monde qui ne sait que blâmer même les actions les
plus naturelles, n'a-t-il pas déjà dit que je n'avais point de bon
sens et qu'à mon âge je devais rester en place sans en changer sans
cesse ? Hélas! triste chose quand le monde s'occupe de vous;
il est si peu bienveillant quand il n'est pas méchant ou calom-
nieux. » Alors la réflexion devançant la tristesse qui m'attendait au passage, m'absorba tout entière et je me mis à pleurer.
« Je vais m'en retourner, dis-je; il ne sera plus question de
voyager; tant pis, je recommencerai chez moi à me livrer à
tous les chagrins, à tous les ennuis, à toutes les misères de la
vie dont Dieu m'a fait la part si grande, et l'on ne trouvera plus
peut-être à me blâmer. » Heureusement que le train qui m'em-
portait allait aussi vite que ma pensée, et que j'étais loin de
Marseille lorsque toutes ces choses si pénibles qu'elles fussent
à supporter arrivèrent à leur terme. Madame Hains me quitta
en gare de Toulon : je demeurai encore plus seule pour continuer ma route. Cependant une distraction forcée me fut donnée par une dame de la compagnie (car nous n'étions que des

femmes, ce qui nous mettait encore plus à l'aise). Elle ne cessa pas de parler à peu près tout le long de la journée, il n'y en avait que pour elle dans le wagon. C'était toujours une nouvelle histoire à raconter, puis un conte qu'elle fabriquait selon son idée, de temps à autre un bon mot à dire sur tout ce qu'elle voyait, car elle ne manquait pas d'esprit. Enfin, pour ne pas perdre son temps entièrement, elle alluma du feu au charbon dans sa petite chaufferette de voyage pour faire cuire son déjeûner, fit son chocolat, puis autre chose, de la viande rôtie, je crois ; tandis que nous autres, pauvres malheureuses, en étions réduites à grignoter un vieux quartier de poulet, rôti la veille, elle fit son service de table parfaitement, sans le moindre embarras. Parlez-moi d'une femme de ce genre qui sait si bien se tirer d'affaire dans les différentes circonstances de la vie. Je n'ai qu'à la louer et je voudrais me rappeler son nom, mais il m'a échappé; ce dont je me souviens, c'est qu'elle était très-jolie. Elle n'avait qu'un défaut, de parler un peu trop, quoique très-bien.

Nous arrivâmes le soir à 6 heures à Monaco, il était nuit. Après avoir laissé des voyageurs à toutes les gares, surtout à celle de Nice, nous arrivâmes en petit nombre à la charmante ville que les étrangers surtout aiment et vantent partout. Là m'attendait. comme de bons amis, une famille marseillaise, M<sup>me</sup> veuve Dalmas, sœur de M. Drogoul, avocat chez nous, et ses deux filles, dont l'aînée a épousé M. de Navaille, ministre des finances du prince régnant de Monaco ; elle a déjà deux enfants. La seconde, non mariée encore, devait m'accompagner dans ce voyage, et je la prenais en passant, c'était bien arrêté; mais saisie, sans s'y attendre, par une coqueluche très-fatigante qu'elle prit de ses neveux, elle dut y renoncer, garder la maison et se soigner, ce qui ne l'amusa point du tout, ni moi non plus. Là, nous arrivâmes toutes ensemble par l'omnibus de la gare après une très-forte montée, sur la place où se trouve l'hôtel Charles-Albert. C'est la plus haute partie de la ville. Le coup d'œil de jour et de nuit y est ravissant. Le beau palais des princes se trouve au fond de cette place; il est très-bien bâti, très-orné par une architecture de vieille date qui ne laisse pas d'avoir son mérite.

Ce fut dès ce premier jour que les fêtes commencèrent pour mon agrément ; elles se renouvelèrent presque tout le temps de mon voyage, partout où je passais. Le vieux prince aveugle arrivait ce même jour avec sa femme, après une absence de quelques mois, et l'on attendait le lendemain son fils et sa femme, nouveaux mariés, qui rentraient chez eux après leur tournée de noce, dite d'obligation. On nous disait qu'ils avaient passé quelques jours au château des Aygalades, chez M<sup>me</sup> de Castellane. Je ne me rappelle pas le nom de la nouvelle mariée. Un bel arc de triomphe, recouvert de feuillage et de fleurs, leur était dressé au milieu de la place, puis les illuminations de la soirée. Dans la journée du lendemain, toutes les visites officielles furent faites par les différentes administrations, les grands, les puissants du pays ; puis on parlait d'un bal qui devait avoir lieu prochainement. Je m'amusai comme les autres de tout cela. Je passai mes deux journées à aller visiter l'autre partie de la ville nouvellement bâtie ; le splendide Casino au milieu de tous ses jardins somptueux, ses nombreux et admirables palmiers, ses fleurs si variées et si charmantes.

La tentation de grands bénéfices, soi-disant à faire dans les salles de jeu, ne m'éblouit point; au contraire, la pensée d'une perte quelconque, si minime fût-elle, me fit reculer d'effroi et sagement. Après avoir parcouru ces magnifiques salons qui ne le cèdent qu'à ceux de Versailles, après avoir jeté un regard de pitié et d'improbation sur tous ces pauvres joueurs aveu-

glés qui sont plutôt dignes d'une place à Charenton que de
figurer au milieu d'une société qui jouit de son bon sens, je
quittai ces tristes lieux qui me faisaient peur, pour aller passer
quelques heures dans la salle de concert, où je pus entendre
une excellente musique qui pourrait au besoin disputer le prix
à un des meilleurs orchestres, même à celui du Grand Opéra de
Paris. Oh! les délicieux moments que je passai là! Quelle douce
jouissance ! Il y avait beaucoup de monde, et une très-bonne
société composait l'auditoire.

A l'approche de la nuit, nous sortîmes dans les jardins pour
voir l'illumination qui a lieu tous les soirs. Puis, nous fûmes
visiter le nouvel hôtel de Paris, si beau et si couru; il vient d'ê-
tre bâti par le banquier du Casino. Sans compter celui-là, il en
possède encore plusieurs autres, y compris celui qu'il habite
avec sa famille, ce qui démontre clairement que celui qui tient
une maison de jeu n'est pas celui qui s'appauvrit, mais ceux
qui jouent leur fortune et quelquefois celle des autres.

Cet hôtel de Paris est le rendez-vous des gourmands, de
ceux qui aiment les grands et chers dîners, même de ceux qui,
plus modestes comme nous le fûmes, savent se contenter de
glaces et sorbets, ce qui y est aussi très-bon. La nuit venue,
tout le jardin fut illuminé spontanément : c'est là un des plaisirs donnés aux promeneurs qui sont toujours très-nombreux.
On ne se retire guère avant minuit quand il fait beau temps.

Le lendemain, je dus m'occuper de mon départ, qui n'était
pas peu de chose en raison du grand nombre de voyageurs qui
désiraient des places dans les voitures ou les diligences, pour
arriver le plus tôt à Gênes par la route de la Corniche, car le
chemin de fer alors se terminait à Monaco. Les places pour
aller plus loin en diligence étaient arrêtées plusieurs jours d'a-
vance, à Marseille même. Et moi, je n'avais pas pris cette pré-
caution ; que faire ? Cependant, malgré les instances de mes

amis pour me retenir, je partis en omnibus pour Menton, où j'espérais trouver quelque voiture de retour pour Gênes; point du tout. Pas de places, pas de voiture, me fut-il dit au bureau, tout est arrêté pour plusieurs jours par MM<sup>grs</sup> les évêques qui se rendent au concile, accompagnés de leur suite. Tout de même nous ne pouvions pas demeurer là jusqu'à Noël. Sur ce, je suppliai de mon mieux M. le chef du bureau des diligences de me trouver un moyen de sortir de cette fâcheuse position; il fut très-bon, très-complaisant, je n'ai eu qu'à m'en louer. Il chercha d'abord une voiture dans le pays, point; puis il envoya une dépêche sur toute la ligne. même jusqu'à Marseille ; enfin, de toute cette peine prise avec la meilleure volonté du monde, il en résulta que dans la diligence qui passe à onze heures et demie du soir à Menton, j'aurais deux places dans la rotonde. Me voilà bien contente, ne pouvant trouver mieux. Il s'agissait seulement d'arriver à Savone, pour pouvoir reprendre le chemin de fer pour Gênes ; alors j'étais sauvée. En effet, après avoir fait un bon souper à dix heures, m'être bien promenée dans la ville que je voyais pour la deuxième fois, qui a sûrement beaucoup gagné depuis que je ne l'avais pas vue; après m'être reposée dans un bon lit d'hôtel, je me rendis à l'heure indiquée prendre mes places au passage de la diligence. Jusque-là tout allait bien; mais, hélas! quelle torture il nous fallut subir, mal assises, sans air, étouffées, ne pouvant dormir, les uns sur les autres, plus les paquets indispensables! Cependant il nous fallut bien prendre notre mal en patience, ne pouvant faire mieux. Mes compagnons de route étaient une famille anglaise charmante, père, mère et deux filles qui étaient très-gaies et riaient de tout ce qui se passait ; heureusement... Savez-vous, les Anglais ? Ils sont si fiers, si orgueilleux, surtout quand il s'agit de leurs personnes et qu'ils sont riches. Je m'amusais de les voir blottis comme moi, dans le coin d'une pauvre rotonde de diligence, comme le plus pauvre des voyageurs ; c'était par trop abaisser leur nationalité; je les ai vus si souvent occuper les premières places, et cela sans se mettre en peine de leurs voisins, bien certainement, mais eux avant tout.

Quant à moi, j'en eus bien vite pris mon parti. La nuit fut douce, point de froid, aucune aventure : à une heure du matin, nous fûmes arrêtés sur la frontière par la douane italienne qui, dans la visite des passeports et des bagages, n'en finissait plus, nous étions si nombreux ! Il nous fut commandé de descendre tous, d'ouvrir toutes nos malles, de montrer nos paquets, de refermer le tout. Une heure au moins se passa pour tout cela. Enfin, remontés en voiture, nous pûmes jouir au milieu de cette belle nuit des variétés et des beautés sans nombre que nous offrait cette belle route de la Corniche. Il va sans dire que nous ne dormîmes point du tout. Le lendemain, vers deux heures de l'après-midi, nous arrivâmes à Savone, au milieu d'une foire et d'une fête du pays ; nous traversâmes la ville gaiement parmi tous les habitants rassemblés sur les places publiques : le postillon conduisait ses chevaux par la main, dans la crainte d'écraser quelqu'un dans la foule. De là, il nous mena jusqu'à la gare, où nous reprîmes de nouveau le train qui nous attendait pour aller à Gênes.

Je passai cette première fois deux jours à Gênes dans un très-bel hôtel, où j'étais parfaitement bien; il se nomme les Quatre Nations. Je l'indique à dessein pour que d'autres après moi puissent profiter de tous ses avantages. J'y trouvai deux voyageurs de ma connaissance, deux bons et vieux amis, M. et M<sup>me</sup> Brunton, qui m'y attendaient; nous nous y étions donné rendez-vous en quittant Marseille, où je les avais vus arriver de Paris pour venir à Rome. Mais nous ne fîmes pas route ensemble pour nous y rendre, eux allaient plus vite que moi ; cependant, de temps à autre nous nous retrouvions, ils m'attendaient, alors nous allions de concert quelques jours, puis chacun repartait de son côté.

Je parcourus pendant ces deux jours toutes les églises qui commencent là à être fort belles, les promenades surtout : celle de la ville qui se nomme *Aqua nova*, est délicieuse, tout illuminée le soir, fraîche par l'abondance de ses eaux et de ses cascades, par ses grands arbres si multipliés, sillonnée par un nombre infini de promeneurs qui encombrent les jardins pour prendre des rafraîchissements, en se reposant ou causant au frais jusqu'à minuit : tout cela s'accorde pour en faire un endroit charmant. Puis, les jolies villas qui entourent une partie de la ville en amphithéâtre, ne sont-elles pas délicieuses aussi? Citons celle de Pallavicini ; son musée aussi, ses belles rues, son port, ses quais couverts de marchandises, son beau climat, ne sont-ils pas autant d'appâts pour les voyageurs? Ils les fixent sans contredit et y prolongent leur séjour autant que possible. Gênes est une très-jolie ville. Je quittai là M. et M<sup>me</sup> Brunton, qui partirent directement pour Naples par mer; je les retrouvai à Rome plus tard.

Je repartis le troisième jour de mon arrivée, à six heures et demie du matin, par le chemin de fer, première classe. Le temps qui jusqu'alors, depuis mon départ de Marseille, avait été très-beau, sans froid, sembla se barbouiller un peu, et moins d'une demi-heure après, nous nous trouvâmes en pleine neige, au milieu des montagnes; nous traversions les Apennins une première fois, et, ne vous en déplaise, quarante-deux tunnels, dont un, montre en main, dura dix-sept minutes; moi, j'en avais compté vingt.

Bref, tous ces tunnels passés, presque l'un dans l'autre, courts ou longs, n'en finissaient plus; il me sembla que nous avions fait le tour du monde là dedans. Je ne parle pas de

ceux ou de celles qui avaient une grande peur. Ce que je
trouvais désagréable, même fatigant pour les yeux, c'était
cette entière obscurité des tunnels; car en sortant de l'un pour
entrer dans l'autre subitement, l'on ne pouvait reposer la vue
que sur cette grande blancheur de la neige; le contraste en
était trop prompt et devenait insupportable à beaucoup de
voyageurs, ainsi qu'à moi. Enfin, après toutes ces petites misères de voyage, nous finîmes par sortir de ce triste labyrinthe,
mais toujours accompagnés de la neige. Nous arrivâmes à Pa-
tienza vers onze heures pour y déjeuner; à midi nous en repartîmes. Un quart d'heure après, le train s'arrêta tout court. Une
heure, deux heures, trois heures s'écoulent; nous étions toujours à la même place. On s'impatiente, on se fâche, on se
plaint, on a des craintes. Mais qu'est-il donc arrivé ? se deman-
de-t-on. Point de réponse nulle part. Bref, les plus courageux
parmi les jeunes gens ne craignent pas de descendre dans la
neige, piétiner dans l'eau pour atteindre la tête du convoi qui
était excessivement long, pour aller interroger le chef du
train sur les causes de ce retard de plusieurs heures ; d'autant plus, ajoutait-on, qu'un grand nombre d'évêques qui remplissaient les wagons, voulaient arriver à temps pour prendre à
Florence le train qui part à dix heures du soir pour Rome,
vu qu'ils étaient pressés d'arriver. Il répondit à nos ambassadeurs que l'on ne pouvait pas marcher, parce que l'on attendait le train de Florence qui devait passer à chaque instant ;
qu'il y avait à craindre, vu ce long retard, que quelque accident
lui fût arrivé, et que c'était une raison de plus pour que
le nôtre ne bougeât pas; qu'on ne pouvait pas faire jouer
le télégraphe, le mauvais temps en ayant rompu les fils ;
il engagea dès lors à ne plus insister pour partir, car
dût-on passer la nuit là, on le tuerait plutôt sur place
que de le forcer à faire un pas de plus. Il fallut en

prendre son parti, et depuis une heure jusqu'à onze heures et demie, nous ne bougeâmes pas du milieu de 50 centimètres de neige, sans boire ni manger ; ce n'était pas amusant, tant s'en faut. Cependant, contre mauvaise fortune bon cœur : la causerie, les chants, les ris, les jeux, la gaieté reparurent dans nos wagons ; nous fûmes encore plus joyeux que le matin, et le temps se passa sans ennui ni tristesse. Vers six ou sept heures, on s'aperçut des villages voisins de notre détresse : quelques bonnes femmes accoururent nous porter des fruits, des petits pains, des bouteilles de vin, dont les unes se vendaient dix sous, les autres vingt, et les autres trente, etc. Mais il n'y en eut pas pour le quart des voyageurs : mon wagon n'eut rien du tout. Bref, à onze heures et demie, le bienheureux train si désiré arriva sans accident ni événement fâcheux : le mauvais temps seul avait été cause de ce retard infini. Nous nous complimentâmes tous en passant, car eux aussi étaient grandement en peine de nous ; mais heureusement nous en fûmes quittes pour la peur. Nous continuâmes tout de suite notre route pour arriver à Florence le lendemain à midi, après un retard de vingt-quatre heures. Je ne dois pas oublier que, vers six heures du matin, nous finîmes par laisser la neige derrière nous, que nous eûmes à traverser une seconde fois les Apennins avec ses quarante-sept tunnels bien comptés ; mais, cette fois, avec un peu plus de courage que la veille, car nous arrivâmes à Florence avec un très-beau temps et un bon soleil.

Nous nous empressâmes avant tout de rompre un jeûne de vingt-quatre heures ; sitôt après je pris une voiture pour parcourir la ville jusqu'à neuf heures. Je me hâtai alors de rentrer à l'hôtel pour dîner et, à dix heures et demie, nous reprîmes tous le train qui nous conduisait à Rome. Cette seconde nuit passée encore en wagon, sans dormir, fut un peu fatigante : mais Rome était là ; c'était le comble du bonheur. Nous y arrivâmes à onze heures et demie ; à midi précis, je traversai le pont Saint-Ange au bruit du canon du fort de ce nom, les artilleurs célébraient la Sainte-Barbe (le 4 décembre), pour me rendre chez M<sup>gr</sup> Joannin, hospice du Saint-Esprit, près Saint-Pierre.

Etant attendue chez M<sup>gr</sup> Joannin, je n'eus qu'à me mettre à table sitôt mon arrivée, chose qui me fut très-agréable, car j'avais bien faim; je n'avais plus rien mangé depuis la veille à Florence, où j'avais pris gîte à l'hôtel royal de l'Arno, situé sur le quai de ce nom. Florence est une très-belle ville, que j'ai visitée trois fois pendant mon séjour en Italie. et dont je parlerai longuement plus tard.

Maintenant me voilà à Rome ; je ne dois plus parler que d'elle, car très-certainement j'ai beaucoup à en dire ; n'ayant pas à écrire cette relation de voyage pour le public, je n'irai pas entrer dans tous les détails que comporte un livre fait pour l'instruction et qui certainement doit tout dire: je me bornerai à faire connaître à mes amis les choses qui me concernent et que j'ai vues de mes propres yeux. Quant à tout le reste, on cherchera, si l'on veut. dans les ouvrages savants qui ont été écrits pour apprendre tout ce qu'on désire savoir de scientifique; moi, je n'écris ceci que pour passer le temps, je ne cherche qu'à m'amuser en barbouillant ces quelques pages sans prétention aucune, et pour distraire en passant quelques bons amis qui me l'ont demandé. Ne pouvant, comme on doit le penser, écrire à chacun d'eux mes impressions, mon récit leur sera offert pour répondre à leur désir si bienveillant.

Je parlais tantôt des fêtes, et en effet elles arrivèrent bien vite pour moi : je n'avais pas encore eu le temps de me reposer que déjà, le 7, nous courions tous en foule sur le passage du Saint-Père pour son entrée à l'église des Saints-Apôtres, et pour assister au *Veni Creator* qu'il venait y chanter avec tous les évêques arrivés de toutes les parties du monde, afin d'implorer les lumières du Saint-Esprit, pour l'ouverture du Concile qui avait lieu le lendemain matin. Cette grande et belle basilique était déjà remplie depuis longtemps de curieux lorsque le Pape y arriva : son entrée fut magnifique. Il descendit de sa voiture un peu avant les premières marches, au milieu d'une foule compacte qui l'étourdissait de ses cris de *vive Pie IX! vive le Pontife-Roi ! vive le Saint-Père !* De plus, il était étouffé dans les baisements de ses mains, de ses pieds, de sa soutane blanche, de sa ceinture, que sais-je ? Alors, pour en finir, il fallut l'enlever de cette position si fatigante, car il ne pouvait plus avancer d'un pas. Les gardes suisses le saisirent à bras-le-corps, le soulevèrent en l'air pour lui faire franchir les quelques pas qu'il avait encore à faire pour entrer dans l'église. Ces démonstrations populaires, que j'ai vues depuis se renouveler plusieurs fois, ont toujours produit sur moi la plus vive impression ; elle était la même pour ceux qui m'entouraient. D'abord, tout le monde pleure de joie, le Pape est ému et ne peut cacher ses larmes ni son contentement, il en est toujours plus heureux ; la foule est joyeuse, le bonheur rayonne sur tous les visages ; on est satisfait de se retrouver de temps à autre à ces sortes de fêtes. Les maisons ou palais qui environnent sont recouverts de tentures rouges jusqu'au cinquième étage, les fenêtres, les balcons garnis de belles dames qui agitent leur élégants mouchoirs blancs ; ajoutez les zouaves, les soldats, les officiers de tous grades, les gens du peuple, femmes, enfants, vieillards. Il ne reste plus dans les maisons que les impotents, les malades et les infirmes, les jours où le Saint-Père sort, alors tout seul dans sa belle voiture traînée par six beaux chevaux empanachés de grandes touffes de plumes blanches, toute dorée comme celle du sacre de Charles X, telle qu'on la montre encore dans une des cours de Versailles à ceux qui le désirent. Suivent, après celle du Pape, par ordre fixé d'avance, celle du cardinal Antonelli, à quatre chevaux, très-belle aussi, du cardinal Bonaparte, très-riche en dorure, etc.; puis les archevêques, les évêques, les rois, les princes, les ambassadeurs de toutes les puissances représentées, les grands, les puissants de Rome, toutes les troupes de tous les noms sous différents uniformes plus beaux les uns que les autres, qui accompagnent constamment le cortége, la cavalerie qui stationne à chaque coin des rues où le Pape doit passer pour indiquer que le passage du milieu doit être libre. Tout cela est royal, magnifique, on peut facilement se le figurer; moi, j'en étais toujours plus ravie.

Je reviens au 7 décembre. La sortie du Saint-Père des Saints-Apôtres, après le *Veni Creator*, suivi de la bénédiction, fut la répétition de son entrée, cris, vivats, démonstrations de joie jusqu'à sa voiture que l'on avait fait avancer cette fois jusqu'aux premières marches, et qui nous l'enleva bien vite pour se perdre dans les rues qu'elle avait à traverser.

Le lendemain, le temps qui avait été assez beau jusqu'alors ne voulut pas nous continuer ses faveurs, et la pluie commença dans la nuit à tomber abondamment. A cinq heures, néanmoins, une grande quantité de curieux encombrait déjà les alentours, ainsi que les colonnades de Saint-Pierre et du Vatican, pour attendre l'ouverture des portes de la basilique, et à huit heures celle du Concile, qui était indiqué partout. Moi, qui logeais très-près de Saint-Pierre, j'aurais dû par conséquent arriver là une des premières, je me pris ce jour-là à calculer, dans les bras de la paresse et de la crainte de me mouiller (parce que, dans mon pays, on ne sort pas quand il pleut), qu'il n'y aurait personne à l'église et qu'en y arrivant quelques instants avant les évêques, je trouverais toujours à me placer, l'église est si grande ! Hélas! je fis bien mal mon compte, et à huit heures, malgré la pluie qui continuait toujours très-fort, j'arrivai pour ne pas trouver une place ni bonne ni mauvaise dans cette immensité. C'était à ne pouvoir ni marcher, ni tourner, ni agir. Cependant je finis, en y travaillant beaucoup, par me caser dans un certain coin d'où je pus voir défiler le cortége qui se rendait à son poste. La chapelle où le Concile allait s'ouvrir était grandement ouverte au public ; le plus grand nombre d'étrangers ont pu tout voir facilement, debout bien entendu, car il n'y a point de chaises dans les grandes églises de Rome. Ce ne fut que plus tard. dans d'autres circonstances, que j'ai pu jouir de l'effet grandiose d'une pareille assemblée : c'est aussi imposant que magnifique à voir ; je ne dois pas en décrire le spectacle, puisque. la gravure en a été reproduite dans toutes les dimensions, pour qu'elle pût se trouver dans les mains de chacun de ceux qui la désirent; on a donc pu juger facilement l'effet général.

Le *Veni Creator* fut entonné par le Pape, du haut de son trône, avec sa magnifique et sympathique voix. Cette invocation. chantée par huit cents évêques, car pas un ne manquait, et sans compter l'assistance, produisait un merveilleux effet. Joignez-y l'orgue qui accompagnait. le canon du fort Saint-Ange qni y mêlait ses bruyants éclats, la joie et le bonheur de toute la foule, l'ensemble de toutes ces choses réunies était une fête incomparable pour le cœur d'un chrétien. Pendant ces longues heures, on ne pensa plus à la pluie si importune ce jour-là, et vers midi chacun se retira satisfait.

Cependant, pour moi il n'y avait pas seulement à songer aux fêtes, il fallait m'occuper sérieusement de chercher un logement. Quelque agréablement que je fusse chez M⁁ʳ Joannin, il n'eut pas été très-discret de demeurer plus longtemps chez lui, car ce saint homme, malgré son bon vouloir à recevoir tant de monde le plus cordialement possible, se trouvait au bout des ressources d'un maître de maison : il était encombré par ses amis et ses connaissances, il en arrivait tous les jours ; c'est dire que, malgré toute la bonne volonté qn'il mettait à nous créer de la place le mieux qu'il pût, on le voyait clairement ne pouvant plus rien faire. Nous étions chez lui en trop grand nombre à ajouter à sa nombreuse famille. Une quinzaine de personnes à table tous les jours, c'était la moindre des choses ; le dimanche surtout ce nombre allait toujours croissant. C'était très-agréable pour nous, étrangers, de nous trouver ainsi réunis en si bonne compagnie, mais pour tenir une maison pareille, cela devenait très-difficile et très-fatigant.

Je priai alors un prêtre à qui j'étais vivement recommandée par le bon M. Magnan, aumônier du Lycée de Marseille, mon obligeant ami, de vouloir bien me chercher un appartement complet, central, convenable, etc. Ce bon prêtre, qui était attaché comme chapelain à l'église de Saint-Louis des Français, était du diocèse de Perpignan, homme très-instruit, écrivain très-distingué, et se nommait Tolra de Borgas ; il se mit en quatre pour me chercher ce que je désirais et, malgré la difficulté qu'il y avait dans ce moment-là à trouver des logements, il sut m'en déterrer un tout près de son église, au deuxième étage sur la place, bon soleil, assez commode, vis-à-vis la porte, près du marché. Je fus très-contente de cette trouvaille qui atteignait parfaitement mon but : j'avais deux chambres, l'une dans l'autre, salon, usage de la cuisine qui m'était commune avec un autre locataire, sans aucune gêne, à 100 francs par mois. Je l'acceptai de suite après ma première visite et m'y suis très-bien trouvée. M<sup>gr</sup> Place, notre évêque, en m'honorant de sa première visite, me disait que plus d'un de ses pauvres collègues n'était pas aussi bien logé que moi.

Ma peine fut grande en quittant l'excellent M<sup>gr</sup> Joannin, qui avait tout employé pour me retenir chez lui; il y mit beaucoup d'instances et ne céda que sur la promesse que je lui fis, et que j'ai fidèlement tenue, de revenir dîner chez lui tous les dimanches, les jours de fêtes, sans compter les galas d'occasion en sus, qui, soit dit en passant, devinrent assez nombreux.

Quinze jours après mon arrivée, j'étais installée chez moi ; j'eus l'avantage, le plaisir et l'honneur d'y recevoir les aimables visites de toutes mes nouvelles connaissances, de plusieurs évêques de nos contrées, qui eurent la bonté de me rendre celles que, bien entendu, je leur avais faites la première, dans laquelle chacun d'eux voulut bien m'assurer de sa bienveillante protection qui, assurément, ne m'a jamais fait défaut quand il y avait lieu de la réclamer dans certaines occasions, ce sont : M<sup>grs</sup> de Marseille, de Fréjus, de Castellamare, de Sens, de Roseau.

Tout cela terminé, je n'eus plus qu'à courir, voir, revoir, marcher, prendre une voiture que je trouvais toujours devant ma porte, où il y avait une station fixe, pour mes longues courses, courir à la retraite des zouaves donnée par M<sup>gr</sup> Mermillod, à Saint-Philippe de Néris.

Alors arrivèrent bientôt les fêtes de Noël. Quel beau succès de chaire eut cette première fois, à Rome, dans cette retraite donnée aux zouaves, M<sup>gr</sup> Mermillod, qui venait à peine d'arriver ! Quelle belle assemblée attirait deux fois par jour autour de lui son éloquente et si intéressante parole ! Je l'ai entendu trois fois, toujours avec le plus grand plaisir: sa première instruction fut sur la foi, la deuxième sur le devoir, la troisième sur la chasteté. Combien il était content ! aussi les fruits de tous ces beaux discours eurent les meilleurs résultats, parmi tous ces braves jeunes hommes qu'il se plaisait à nommer mes amis, mes enfants, au lieu de mes frères, car bien certainement le plus âgé de son auditoire ne devait pas avoir trente ans et le plus jeune seize ou dix-sept ans. Cette belle jeunesse, si attachante, fut, par sa piété, sa dévotion, son assiduité à tous les exercices des différentes églises, un exemple des plus touchants donné à toute la ville pendant les belles fêtes de Noël. C'était le jour même de Noël, et la messe de minuit, qu'on leur avait désigné pour la communion générale, où cependant ils voudraient la faire, sans obligation de telle ou telle paroisse. Que ce fut ravissant donc, à cette messe de minuit, de se trouver à la Sainte Table, entre des zouaves ou officiers de l'état-major, la poitrine couverte de croix, de décorations de toutes sortes, en grande tenue, humbles, modestes comme de bons et vrais chrétiens ! Pour le dire en passant, non-seulement ce jour-là, mais combien d'autres encore ne me suis-je pas trouvée de même à la Sainte Table ou au confessional à côté des zouaves ou d'officiers de premier ordre, comme aussi de soldats de toutes armes. Oh ! c'est bien beau ces réunions chrétiennes ! Que nos vaillants MM. les libres-penseurs viennent comme moi demeurer quelque temps à Rome ; ils y verront que ce qui s'y fait, à ce sujet comme en beaucoup d'autres, n'est guère en rapport avec ce qu'ils font eux, pas plus que dans leur manière de penser ; peut-être qu'alors, comme nous tous qui y avons assisté les larmes aux yeux, rayonnants de bonheur, ils en seront touchés et se demanderont, la main sur la conscience, si ce sont eux ou nous qui faisons mal, car je ne veux pas me faire leur juge, ils seraient trop vite condamnés.

J'oubliais de dire que non-seulement il y avait eu à Saint-Philippe de Néris une retraite donnée aux zouaves français, mais qu'il y en avait eu d'autres encore dans différentes paroisses, par M<sup>gr</sup> de Tulle, de Brieux, etc., aux soldats de toutes les nations, Allemands, Hollandais, etc.; leurs évêques prêchaient dans leur langue. Toutes ces saintes choses se renouvelèrent à peu près de même pour les fêtes de Pâques, et je ne dois pas oublier qu'en ces belles fêtes que je cite, l'on porte le Saint-Viatique aux infirmes en grande solennité et longue procession, les hommes y sont en très-grand nombre; tous les prêtres de la paroisse accompagnent; aussi les chants, les cantiques, les musiques, tout cela est très-touchant et très-religieux.

Je reviens à ce qui me concerne. Heureusement que mon logement, comme je l'ai déjà dit, était très-rapproché de Saint-Louis des Français, je n'eus que la rue à traverser pour m'y rendre, la veille de Noël, à l'office de dix heures. Malgré la pluie qui tombait très-fort, l'église très-éclairée, parfaitement ornée, était remplie d'assistants; la communion, à la messe, ne finissait plus, et, à deux heures, nous rentrions chez nous pour nous coucher; ce n'était pas trop tôt.

Le jour de Noël et la deuxième fête, comme je l'avais promis, je me rendis à la table de M<sup>gr</sup> Joannin, où nous étions très-nombreux, pour manger la dinde d'usage; elle était par parenthèse, bien truffée, excellente; nous nous crûmes en ce moment transportés en Provence, dans nos familles, nous en étions heureux. Après le dîner, nous retournâmes à Saint-Louis pour les vêpres et le sermon prêché par M<sup>gr</sup> Thomas: puis, d'autre fois. M<sup>gr</sup> de Saint-Brieuc prêcha aussi.

Arriva bientôt le 31 décembre, jour où Sa Sainteté vient annuellement avec toute sa suite au Gesu, église des Jésuites, si belle dans sa décoration, pour chanter le *Te Deum* de fin d'année, puis il donne la bénédiction. Ce fut une répétition, en mieux encore, de la belle fête du 7 décembre aux Saints-Apôtres. Le Pape ne devait arriver qu'à quatre heures, mais moi, suivie de ma bonne, nous étions là avant deux heures, à l'ouverture des portes, pour être, cette fois, bien placées, c'est-à-dire pour bien voir la cérémonie. L'entrée du Pape et des cardinaux, des évêques, de la cour de Naples, du duc et de la duchesse de Parme, de l'impératrice d'Autriche qui a passé plusieurs mois à Rome pour les couches de sa sœur, la reine Sophie, des ambassadeurs de toutes les puissances, M⁰ʳ de Banneville en tête, tous les grands personnages de Rome, de la garde noble, des chevaliers de Malte, de la garde suisse, des dragons, des cuirassiers, des zouaves, de M. de Charette, etc., etc., c'était magnifique ! Le Pape, arrivé devant l'autel, entonna avec sa voix admirable le *Te Deum*, qui fut accompagné par l'orgue et chanté par tous les assistants ; c'était vraiment le commencement des jouissances du Paradis, on le croyait du moins. Tout cela terminé, le Saint-Père entra de l'église chez les pères jésuites pour leur faire sa visite du premier de l'an, car c'est de ce moment qu'elles commencent. Le public profita de ce quart d'heure pour sortir de l'église, en se rangeant comme il le put sur la place qui, quoique grande, était déjà couverte de curieux, pour voir la sortie de Sa Sainteté. Oh ! comme c'était encore beau ! quel entraînant spectacle, quel empressement de la part de ce bon peuple, que de joyeux vivats ! Le Saint-Père, en nous bénissant, avait visiblement des larmes sur son visage, nous tous aussi, car c'était bien touchant et encore plus qu'aux Saints-Apôtres, si c'est possible. La même répétition, des tentures aux fenêtres, des dames aux balcons des palais agitant leurs blancs mouchoirs, les cris de *vive Pie IX !* un air de fête partout ;

c'était un coup d'œil admirable. Le Saint-Père, après être demeuré quelques instants sur les hautes marches du péristyle, avoir donné sa bénédiction, salué avec une grande cordialité, on peut dire, toute cette foule agenouillée, remonta enfin dans sa voiture, pour sortir de là avec grand'peine, c'est à croire. La nuit arrivant, tout ce monde se retira tranquillement, car, au milieu de cette grande foule, de toutes ces voitures qui avancent pour se croiser dans tous les sens, de tous ces soldats, ces cavaliers qui stationnent à cheval sur tout le passage du Pape, tout se passe si bien, qu'il n'y a jamais une égratignure pour personne, pas une parole provocante pour amener du désordre, point de contradiction ; tout le monde joyeux. content, prêt à revenir le lendemain sans se lasser, ou à la première occasion qui se présentera.

En effet, elle ne se fit pas attendre, car le lendemain. premier de l'an, nous voilà encore tous, encombrant les rues, ainsi que les abords du Vatican et de Saint-Pierre, pour la messe du Saint-Père, où assistaient, cela va sans dire, les cardinaux, les évêques et toute la suite obligée ; le peuple remplissait le reste de la basilique ; là encore le *Te Deum*, mais moins solennel que la veille. Cela terminé. le Pape rentre chez lui et reçoit tous les grands personnages qui vont lui souhaiter une bonne année. Voilà encore un beau défilé de voitures dorées, d'équipages somptueux aux belles livrées, les rois, les reines, les ambassadeurs représentant les différentes cours de l'Univers, les états-majors de tous les régiments de Rome en grande tenue, les prêtres de toutes les paroisses, la foule qui se presse sur leur passage. Oh ! c'est très-beau à voir.

Puis. après quelques jours de repos, arrive la fête des Rois ; à Rome c'est une grande fête que celle-là. elle se passe tout autrement que partout ailleurs. C'est d'abord l'annonce du carnaval : pendant la nuit du 5 au 6 janvier, personne ne se couche, on se promène dans les rues, les magasins sont tous ouverts, bien éclairés ; on chante, on rit, on trompette, on joue de divers instruments ; la foule est partout sur les places, sur les quais, elle semble attendre l'arrivée des Mages. Enfin, moi, je crus voir la *répétition de notre fête de Saint-Jean*, le 24 juin, à Marseille. Cela dure jusqu'au grand jour. Comme je logeais dans un quartier très-passager, je ne dormis pas, bien entendu, de toute la nuit ; le lendemain, de même que les jours de grandes fêtes, on ferma les magasins, on alla voir l'adoration de l'église de la Richelle, baiser *il Bambino*, un enfant Jésus qui, dit-on, fait des miracles, guérit des malades. Cette dévotion a lieu tout près du Capitole ; puis, le reste de la journée, l'on va dans les paroisses ou se promener jusqu'au soir.

Il ne faut pas croire que le peuple romain soit dévot, bigot, scrupuleux plus que tout autre ; pas du tout, il est très-modérément religieux ; ce qu'il aime en premier lieu, c'est le Pape, il est son ami, son bienfaiteur, il lui procure l'aisance et le bonheur matériel par sa présence au milieu de lui, et en effet que serait Rome sans le Pape ? La ville par elle-même n'est rien, sans industrie, sans commerce, sans fabrication aucune ; sans le Pape, point de Rome, qu'une ville très-secondaire. Ce peuple aime encore les fêtes, les promenades où le Pape se montre au milieu d'eux, il ne se lasse pas de courir vers lui ; ensuite il recherche la toilette, les bijoux, les rubans aux couleurs vives, tout ce qui fait du fracas et saute aux yeux. Les dames ne sortent qu'en voiture, très-bien habillées : une jeune personne riche qui se marie demande.avant tout autre chose de toilette, une voiture : elles la croient indispensable ; en effet, c'est un peu vrai, il la faut, car les amusements publics, le Corso, le Pincio, les villas **Borghèse**,

Torlonia, Pamphili. etc., les attirent journellement ; elles courent de grand cœur partout. Au reste, ce monde-là ressemble à beaucoup d'autres, même à celui de Paris, dont la réputation est connue de l'Univers. En effet, soyez à Paris un jour de dimanche, vous verrez bien vite tout ce peuple de marchands fermer leurs magasins qui, par parenthèse, ont été ouverts toute la matinée, en bravant sans scrupule les lois de l'Eglise pour le jour du repos, et courir avec avidité dans tous les environs de la grande ville chercher des plaisirs et des amusements pour le reste de la journée, qui, pour eux. finit à minuit, quand la nuit tout entière n'y est pas comprise. A Rome. on est plus sage, la journée suffit.

Je dois parler en passant d'une magnifique revue qui eut lieu à la villa Borghèse, chez une des familles les plus riches et les plus considérées de Rome qui porte ce nom ; elle a la générosité de mettre à la disposition de la ville, de la population entière, cette somptueuse propriété qui réunit tant d'agréments divers.

Le temps fut superbe, le soleil splendide, point de froid ; cette revue avait été renvoyée déjà plusieurs fois à cause de la pluie presque journalière jusque-là ; enfin, ce fut un jour de bonheur. Dès une heure, le défilé commença dans une longue et large allée bien ombragée, qui ne finit pas , au milieu d'une foule immense de curieux, de cardinaux, d'évêques et de peuple. Toutes les grandeurs épiscopales se placèrent sur un monticule ombragé, à des places réservées, dont le coup d'œil donnait un charme de plus à la fête. Tous les zouaves défilèrent d'abord en ordre parfait. la cavalerie, les artilleurs, les canons, les caissons, les ambulances, les malades transportables dans les voitures, enfin tout ce qui compose le matériel à la suite d'une armée. Puis arriva toute la légion d'Antibes, qui s'appelle les soldats du Pape ; puis tout l'état-major à cheval, le général Kansler, si aimé du Saint-Père , en

tête. et dont la poitrine était couverte de je ne sais combien de
décorations ; le beau et brave colonel de Charette, le religieux
colonel d'Argy, qui, malheureusement, mourut si peu de temps
après d'une fluxion de poitrine ; un grand nombre d'officiers su-
périeurs dont je ne me rappelle pas les noms. Eh bien ! pendant
les quelques heures que dura ce défilé, les applaudissements,
les bravos, les vivats n'ont pas cessé une seconde de se faire
entendre ; pour ma part, les mains m'en cuisaient et ma voix
en était devenue rauque ; je n'en pouvais plus, tant j'avais fait
ma part dans cet enivrement de l'enthousiasme ; il était à son
comble, surtout lorsqu'au milieu de son état-major le gé-
Kansler, son chapeau à la main, saluait d'une manière si gra-
cieuse cette foule empressée, si enthousiasmée, on aurait dit
Henri IV rentrant à Paris après la Ligue, il n'y manquait que
le drapeau blanc. Tous les visages rayonnaient de joie et de
bonheur ! Oh ! c'était magnifique !

Enfin, après ce premier défilé en survint un second, ce fut
celui des beaux équipages de tous les grands de Rome, comme
toujours, rois, reines, impératrice d'Autriche, ambassadeurs,
princes, princesses, toute la cour du Pape, les archevêques,
cardinaux, évêques, etc. Le défilé continuait toujours ; ma
voiture, comme de raison, fut une des dernières, parce qu'elle
était sans armoiries et n'avait pas de rang, ce qui me fit rentrer
chez moi très-tard, cependant je fus contente de mon après-
midi. Depuis, il y a eu d'autres revues, mais elles ont été moins
complètes et moins belles.

Pendant tout le reste du mois de janvier, il y eut bien encore
de belles fêtes, mais elles demeurèrent sans éclat au dehors,
toute la pompe était dans les églises, car, à Rome, tous les jours
on fête au moins un saint, quelquefois même plusieurs dans la
journée, sur des points différents ; alors chacun choisit ce qui
lui plaît. Pour mon compte, j'assistais toujours où j'aimais

le mieux aller, je n'avais pas plus à faire, c'était mon plaisir : je n'ai pas le temps de les énumérer toutes. parce que ce serait trop long.

Arriva bien vite le 2 février, jour de la Purification, où le Pape bénit et distribue lui-même, à la messe de dix heures, le cierge de vieille tradition aux cardinaux, archevêques, évêques, bref, à toute sa maison ou son entourage. Cette cérémonie eut lieu à Saint-Pierre, dans la chapelle papale, derrière la confession, c'est-à-dire le tombeau de saint Pierre ; ce fut très-joli, mais très-long; aussi, comme vous le pensez, je n'attendis pas la fin et je sortis de l'église après la procession.

Le lendemain, 3 février, fut l'ouverture de l'Exposition nationale, dont Sa Sainteté, suivie de sa cour comme toujours. vint en grande cérémonie faire l'inauguration. Au dehors cette grande foule qui attendait le cortége sur la place, ne put pas entrer, parce qu'il y avait privilége, bien entendu, pour les personnes titrées et très-peu de billets de faveur. Moi, qui n'avais pas pensé à cela, je n'eus pas l'attention de demander chez notre ambassadeur ce billet de rigueur dont je me suis passée à regret, et force me fut de rester sur la place, au milieu de la foule. Je dois dire, en toute vérité, qu'à l'ambassade française, on était toujours prêt à obliger les nationaux dans toutes les occasions, qu'une fois votre visite faite en arrivant, votre carte laissée avec votre adresse à l'ambassadeur ou dans les bureaux, c'était assez pour se faire connaître ; par ce moyen même, on pouvait recevoir quelquefois des lettres ou des papiers avec plus de sûreté que par la poste.

J'étais très-bien sur un petit monticule pour voir l'arrivée du Pape et sa sortie, après une heure de séjour : toujours le même enthousiasme, les mêmes vivats ; la musique nous jouait l'air national de Pie IX, qui est très-beau ; enfin, tout cela ravit le cœur, on est heureux. Pendant cette heure, le

Pape visita sommairement tout ce qu'il y avait à voir, se fit tout expliquer et parut, dit-on, très-satisfait ; ce qui le prouve, c'est qu'il y retourna d'autres fois, incognito, sans suite ni apparat, et même sans qu'on l'attendît. Cette Exposition, où je suis allée, moi aussi, assez souvent, était très-belle, mais elle manquait de développement ; elle était bornée en quelque sorte à ce qui concerne ou constitue les objets d'église, d'ornementation, des tableaux, des statues de saints, des tapis immenses, des vitraux admirables qni ont remporté une médaille d'or, des lustres, des missels, etc. La vitrine contenant les objets envoyés par le Saint-Père, lui appartenant en propre. était d'une beauté sans pareille ; c'était une tiare brodée d'or et de pierreries de toutes les couleurs : diamants, rubis, saphirs, émeraudes, perles fines, que sais-je ? tout ce que l'Orient renferme en ces sortes de produits, ce qu'il y a de plus riche pour la grosseur ou la beauté. Pour assortir, un calice et un ciboire excessivement beaux, toujours incrustés de pierreries de toutes les couleurs ; puis l'ornement complet du prêtre pour dire la messe, lequel est aussi d'une richesse incomparable, pour aller de pair avec le reste ; puis les burettes, l'ostensoir tout en or, reluisant de même dans l'incrustation des diamants, des pierres fines, des perles de Ceylan, etc. Tout cela est d'un prix incalculable, il n'y a pas à en douter ; oh ! que ces braves Italiens mettraient volontiers la main dessus ! qu'ils seraient heureux, ces voleurs, ces coquins ! Je n'ai pas le temps d'en dire davantage, ce serait trop long ; il fallait un jour entier pour examiner, contempler, admirer cette richesse immense ; oh ! que c'était beau ! Après cela, mille autres choses pouvaient encore attirer l'attention des connaisseurs ; le temps n'était pas perdu. Les évêques, dit-on, ont beaucoup acheté. ou fait de grandes commandes ; cependant, rien n'était à bon marché dans le beau, au contraire : le prix d'entrée variait ; il était d'un franc, les jours de la semaine, 5 francs le jeudi et 50 cent. le dimanche ; l'ouverture était de 9 heures à 3 heures; elle a duré trois mois, en attirant un grand nombre d'étrangers qui, cependant, ne venaient pas des antipodes comme à celle de Paris.

Pour profiter de mon temps, je dois vous dire que mon voyage ne s'est pas borné à voir Rome seulement, mais à visiter toute l'Italie. Rome devint alors mon quartier général ; je m'y retrouvais toujours, car j'y étais si bien, selon moi. Je commençai donc, vers la fin de février, ma première excursion à Naples avec une charmante compagnie d'amis et de compatriotes. Nous étions neuf : M. le curé Chateaud, accompagné de son frère de Marseille, un curé du diocèse de Perpignan, M. Llioncy, un autre de Chambéry, M. François, M<sup>lle</sup> Marie, de Gap, M., M<sup>me</sup> et M<sup>lle</sup> Beaujour, aussi de Gap, et moi. Puis d'autres compagnons se joignirent à nous, chemin faisant. Nous partîmes un lundi matin, à trois heures, par le train express pour n'arriver à Naples que le soir à six heures : il était nuit close déjà ; à six heures et demie nous étions rendus à l'hôtel Central, où l'on nous attendait, mais où cependant on ne put nous donner que trois chambres, une pour les quatre prêtres au troisième, une pour les dames au quatrième, une dernière, au cinquième, pour mari et femme. On ne put pas mieux faire pour nous ; comme, en voyage, il ne faut pas être trop difficile, nous fûmes contents ; autrement il aurait fallu nous séparer.

Après un bon dîner et presque une bonne nuit, nous nous levâmes grand matin. MM. les prêtres allèrent dire leur messe à l'église vis-à-vis, nous nous hâtâmes de les rejoindre bientôt, et après avoir savouré un copieux café au lait, nous cherchâmes deux belles calèches découvertes où nous nous installâmes pour visiter la ville; elle est bien belle, mais cependant moins

que Marseille; quoi qu'en disent les Napolitains avec lesquels
je me fâchais quelquefois pour soutenir mon dire en faveur
de mon pays. Naples, il est vrai, a beaucoup de ressemblance
avec Marseille : ses larges et longues rues que l'on parcourt
dans tous les sens durant toute la journée, un mouvement
énorme qui ne cesse pas, de grands magasins, mais moins
beaux que les nôtres, ainsi que les cafés, de belles églises, de
grands hôtels, un grand commerce, un musée très-vanté, un
palais royal, jadis habité toute l'année par les rois de Naples,
qui y faisaient leur résidence habituelle: il est magnifique,
mais aujourd'hui il est peu habité : celui qui le possède en a
trop en sa puissance, pour pouvoir y demeurer longtemps. On
trouve aussi de belles promenades, un port, des quais, mais
moins grands que les nôtres, un ciel presque toujours bleu,
point ou peu de froid, voilà Naples, tel que je l'ai parcouru.
Reste à parler de ce beau coup d'œil de la Chartreuse dont le
couvent n'est plus habité, à cette heure, que par un concierge;
les religieux en sont bien loin, pauvres exilés !! La chapelle
est admirable, que de belles choses ! Que de richesses ! La
vue, de cette hauteur, peut se comparer à celle de Notre-Dame
de la Garde, en mieux, cependant. Un autre avantage, c'est
qu'on peut monter en voiture jusqu'à la chapelle. Les théâtres,
je ne les ai pas vus et je ne puis rien en dire, mais leur réputation a toujours existé et dure encore.

Le lendemain, nous reprîmes nos voitures et non le chemin
de fer, pour aller à Pompeï; nous tournions sans cesse le Vésuve qui, en allant, se trouvait toujours à notre gauche à une
très-petite distance; nous avions bien le projet de revenir le
lendemain, pour en faire l'ascension, mais le courage nous
manqua. Il était couvert de neige et l'on apercevait seulement
la longue fumée noire qui sortait de son cratère, s'étendant
au loin, sans s'élever beaucoup ; il ne faisait pas de vent.

Chemin faisant. dans un des villages que nous traversions, nous rencontrâmes une caravane de prêtres qui louaient des montures pour grimper là-haut ; ils étaient contents, joyeux, nous rîmes avec eux de leurs tournures pittoresques, de leurs préparatifs de route ; nous leur souhaitâmes beaucoup ˜de plaisir, un bon voyage, en nous promettant d'en faire autant le lendemain, puis vinrent nos adieux. Hélas ! quand nous les retrouvâmes, le soir, à la table d'hôte, car nous logions dans le même hôtel, nous les trouvâmes fort désappointés de cette promenade ; sur huit qu'ils étaient, trois seulement, les plus jeunes, bien entendu, purent atteindre le cratère ; les cinq autres demeurèrent à moitié ou aux trois quarts du chemin, sans pouvoir avancer d'un pas de plus; leurs gros bâtons ferrés, les montures fatiguées autant qu'eux, les épaules des guides dont ils usaient sans façon, rien n'y fit. ils furent forcés de s'attendre les uns les autres pour opérer la retraite ; ceux qui parvinrent jusqu'au sommet. tant bien que mal, ne le purent qu'en se faisant hisser par des cordes et la poulie, comme un ballot de marchandise quelconque, sur un navire. Enfin ils arrivèrent et n'eurent que le temps de faire le tour du cratère, craignant d'être axphyxiés par la fumée, la chaleur du feu intérieur et le manque d'air, puis ils s'empressèrent de descendre pour venir joindre leurs compagnons les plus peureux. Bref, ils s'en tirèrent, mais ce ne fut pas sans peine. A table, où ils étaient à demi-morts de faim, de fatigue, de sommeil, ils nous dirent sans aucune hésitation : Mesdames, surtout, n'ayez pas la moindre idée de faire ce que nous avons fait, c'est impossible, renoncez-y pour cette fois. En effet, nous dîmes comme eux, le temps nous était si contraire, la saison si peu favorable, car la neige couvrait toutes les montagnes environnantes, que force nous fut de renoncer, quoiqu'à regret, à notre ascension du Vésuve. Je me promis bien de revenir à Naples une seconde fois, dans la belle saison, mais le temps et une compagnie de mon choix me firent défaut, je ne pus plus y retourner ; d'ailleur le typhus s'y déclara aux premières chaleurs, et cette maladie y fit quelques victimes, même parmi les touristes un peu trop téméraires. Cependant le mal, heureusement, ne devint pas épidémique.

Je reviens à notre visite à Pompeï, où nous passâmes la journée à tout admirer, même les fouilles que l'on continue à faire journellement. Cette ville n'a pas été ensevelie, sous terre, comme Herculanum, elle est visible au-dessus du sol: il n'est pas besoin d'éclairage pour y être conduit, tout y est en plein jour, on la parcourt avec un guide demi-savant, qui vous explique tout, ses rues, ses maisons, ses temples, ses places publiques, ses théâtres, ses cirques, ses momies, ses parcs ou ses murs en mosaïque, auxquels il est défendu de toucher, ses puits, ses bains, ses fours à cuire le pain, la maison d'un traiteur ou pâtissier avec ses grands fourneaux dans une grande cuisine. Quand on nous montra un de ces temples, je ne veux pas oublier de dire qu'il nous fut très-facile de reconnaître la supercherie des prêtres païens pour faire parler leurs divinités, en leur soufflant ce qu'ils voulaient leur faire dire ; ce qui le prouve, ce sont celles qui sont encore debout après tant de siècles : elles ont la bouche ouverte et, derrière la tête, un trou, puis un escalier dérobé dont personne ne connaissait la construction ; le prêtre s'introduisait secrètement derrière la statue de la divinité et, par la combinaison des trous, faisait rendre sa parole soi-disant divine à cette pierre ou à ce marbre connu sous le nom d'un dieu quelconque. Voilà l'oracle de ces tristes temps ! Qu'il était éclairé ce grand peuple romain, qu'en dites-vous ? Cependant, elle est là, cette grande et belle ville, brûlée, consumée, dans la cendre dévorante qui, pendant trois jours et trois nuits, ne cessa pas de tomber sur elle pour la détruire entièrement.

Le guide nous montra encore dans un salon du rez-de-chaussée les momies, très-bien conservées, d'une famille de cinq personnes, le père, la mère, deux filles, un garçon qui moururent probablement de faim ou axphixiés. Et puis, croyez-vous que les gens soient découragés par de telles catastrophes d'habiter par-ci, par-là, tous ces pays et qu'ils fuient avec horreur des lieux de si épouvantable mémoire, où les mêmes effets peuvent se reproduire plus d'une fois ? Vous tournez tout autour du Vésuve, de ce mont si dangereux d'où il sort tous les jours au moins de la fumée, ce qui prouve clairement que le feu y est à demeure, dont le cratère ne se ferme jamais, d'où il sort un bruit continuel qui indique, à ne pas en douter, tout le travail qui se fait sous terre dans ces immenses profondeurs. Quand les gens du pays, qui en ont l'expérience, vous disent avec un sang-froid imperturbable qu'ils s'attendent chaque jour à une nouvelle éruption, que cela ne peut pas durer d'après les indications qu'ils aperçoivent, eh bien ! ils dorment tranquillement, sans s'inquiétsr de rien, comme si cela ne les regardait pas ; ils bàtissent des châteaux, de charmantes villas, des chalets, des cabanons, des maisons, au pied de la montagne, comme si rien n'était arrivé jamais ; mais ils ne s'en occupent nullement, ce n'est pas leur affaire. Qu'une grande ville et ses habitants soient engloutis dans les abîmes, des vies, des fortunes perdues, des pays entiers anéantis, on ne s'en occupe pas du tout. Oh ! le drôle de peuple, il faut nécessairement reconnaître qu'il est bien léger. Le voyageur qui passe là, un jour seulement, en est plus affecté, plus sérieusement préoccupé, que les 3 ou 400,000 habitants qu entourent un lieu si redoutable Mais passons à autre chose.

Après notre bonne journée de touriste à Pompeï, après avoir fait un excellent repas et bu du lacryma-christi à 4 francs la bouteille, dans un joli hôtel tout moderne, nous repartîmes le soir, à quatre heures et demie, pour arriver à Naples à sept heures, toujours sans perdre de vue le Vésuve, que nous contournions sans cesse, et, comme tant d'autres, nous nous occupions fort peu de ce qui pourrait arriver, car il ne dit pas gare à vous ! lui.

Le lendemain, nous fûmes à Portici, Castellamare, Sorrente, quels jolis pays ! C'est frais, très-ombragé, les collines sont couvertes d'arbres toujours verts ; de jolies femmes, de bonnes nourrices, mais sales généralement, négligées dans leur mise, quelques-unes cependant un peu coquettes dans leur toilette : à vrai dire, je préfère les paysannes et la femme du peuple d'Albano, de Tivoli, de Frascati, que les grandes dames de Rome prennent pour nourrices de leurs enfants. La reine de Naples, pour les trois mois que sa pauvre petite à vécu, en avait une délicieuse à voir tant elle était jolie, elle sortait d'Albano. La princesse de Caserte en avait aussi une qui était fort bien. La duchesse de Parme nourrissait elle-même sa petite fille qui ne s'en portait pas plus mal ; la mère et l'enfant faisaient plaisir à voir. Eh bien, ces différentes villageoises, avec leurs coiffures de gaze de diverses couleurs, bleue, cerise, orange, leurs grosses épingles d'or qui traversent ce couronnement, des canezous en velours de même couleur que la coiffure avec frange en or aussi, qui dessinent parfaitement la taille, un fichu de dentelle blanche mis à l'arlésienne, pincé autour du cou, et la jupe assortie, assez souvent noire ou de couleur foncée ; tout cela coquettement ajusté, en fait des femmes charmantes ; joignez à tout ce luxe de toilette de beaux équipage royaux pour la promenade journalière du Pincio, et vous aurez sous les yeux l'effet délicieux d'un jardin public de Rome, quand il fait beau temps, c'est-à-dire presque tous les jours vers quatre heures.

Je reviens à Naples, que j'ai laissé un moment ; je dois dire que le temps, qui n'était pas très-beau, et l'agitation de la mer ne nous permirent pas de promenade sur l'eau, ni par conséquent de visite aux jolies petites îles tant vantées par les poëtes et par Lamartine surtout : l'Annunciata, Capri, Ischia, Procida ; la mer était trop mauvaise pour une petite embarcation et pour des peureux, il fallait attendre le beau temps. De plus, en arrivant le vendredi soir à l'hôtel, après nos courses journalières, des chut ! chut ! mystérieux nous apprirent qu'il y avait à Paris un petit commencement de révolution, des cris séditieux, des barricades, des arrestations, enfin un soulèvement prononcé ; c'était à l'occasion des funérailles de Victor Noir et de l'arrestation de Rochefort. Dès lors, les têtes se montèrent. Qu'est-ce que cela sera ? Qu'allons-nous devenir ? En ce moment si solennel, le conseil des sages décida qu'il fallait partir *subito*, c'est-à-dire le lendemain matin, par le premier train pour Rome, là on saurait plus tôt les nouvelles de France, et l'on s'embarquerait au besoin, tout de suite, à Cività, pour rentrer. Tel ne fut pas mon avis : je résistai d'abord à une résolution si prompte, si peu réfléchie ; j'ajoutai que je ne partirais pas, qu'il m'importait peu de demeurer toute seule à Naples, si aucun de mes compagnons ne voulait rester avec moi, que je n'avais pas peur, que j'étais pleine de courage et que je restais. Cependant il me fut dit de si bonnes paroles, que je ne pouvais pas vouloir être seule, ici, dans un pays étranger où je ne connaissais personne, pas même la langue ; que si une révolution éclatait en France, là où il ne fallait qu'une étincelle perdue pour développer un incendie, je ne pourrais plus rentrer de longtemps, ni donner de mes nouvelles, ni en recevoir de mes parents ou de mes amis ; que j'allais mettre tout ce monde dans la peine ; que je me ferais appeler mauvaise tête, enfin, je me rendis à tous ces bons raisonnements qui avaient leur côté vrai, je dois l'avouer, et après nous être dépêchés de faire nos paquets, moi, me promettant bien de revenir, nous partîmes en effet le samedi matin, à cinq heures. Nous arrivâmes à sept heures à la gare de Caserte ; là nous quittâmes le train qui continuait sur Rome, et nous allâmes visiter pendant quatre heures ce magnifique palais du frère du roi de Naples. D'abord tout l'intérieur qui est si grandiose, si somptueux, la chapelle, le théâtre, les galeries, puis les jardins qui sont immenses où l'on prend des voitures, quand on est pressé, pour en faire le tour, les belles cascades, les grandes pièces d'eau, les parcs, les jardins réservés, que sais-je, ça n'en finit pas, c'est bien beau ! Après avoir tout parcouru, nous allâmes faire un bon déjeuner dans un des cafés de ce grand village, et, à onze heures et demie, nous revenions à pied au chemin de fer pour reprendre le train qui nous fit arriver à huit heures à Rome.

Je ne perdis pas mon temps à Rome, tant s'en faut ; chaque jour et tout le long du jour, j'avais à faire quelque chose de nouveau, à aller voir pour la première, la deuxième ou la troisième fois, toutes les églises et les corps des saints qu'elles renferment, les couvents, les monastères, les antiquités, les catacombes, les carrières de marbre, de porphyre, la fabrique de mosaïque au Vatican, chose très-curieuse, toutes les salles de peinture et de sculpture, les tombeaux des saints martyrs, le Quirinal avec ses grandes galeries de tableaux, ses objets rares, ses jardins, sa grande serre d'orangers, les chapelles particulières, si belles, si ornées, telles que celle du palais Massimo, le Panthéon, le Capitole, la roche Tarpéienne, les riches villas ouvertes chaque jour aux étrangers avec leurs galeries de tableaux, d'antiquités, d'objets d'art et autres choses curieuses, dont tous ces beaux palais des Doria, Borghèse, Torlonia, Pamphilli sont remplis.

Je n'en finirais plus si je voulais réellement raconter tout ce que j'ai vu pendant cinq mois de séjour à Rome ; je n'omettrai pas toutefois la belle exposition des saintes reliques à la Custode ; elles sont toutes renfermées en particulier dans une châsse en verre, avec une inscription imprimée dessus qui indique le nom du saint ou de la sainte, dont le reliquaire contient les ossements, plus la tête de saint Laurent très-bien conservée, que l'on vous montre dans une chapelle d'un couvent près le Quirinal ; plus encore l'exposition d'un morceau de la sainte Croix, de la couronne d'épines, un des clous aussi de la passion de Notre-Seigneur, les deux autres sont ailleurs, l'un à Notre-Dame de Paris, où je l'ai baisé un fois en 1867, et l'autre à Antioche ; j'ai baisé aussi la colonne de la flagellation, où Jésus fut attaché ; elle est à Sainte-Précède, etc

Mais le carême approchait, et les quatre prêtres, mes compagnons de voyage, qui formaient la majeure partie de notre société, et qui vraiment en étaient l'âme, allaient terminer leurs vacances, obligés qu'ils étaient de rentrer en France pour reprendre chacun leur service de paroisse le premier dimanche de la station quadragésimale. Pour en finir donc de nos voyages, nous combinâmes ensemble une dernière excursion à Notre-Dame de Lorette, où nous admîmes de nouvelles connaissances, trois demoiselles de vingt à vingt-cinq ans, de Lyon, et un jeune prêtre qui les accompagnait comme un autre mentor ; c'étaient trois sœurs qui venaient de perdre leur mère, elles étaient en grand deuil ; cette société était charmante ; nous remplîmes constamment tout un wagon seul. Nous voilà donc partant, bien résolus, un lundi de grand matin de Rome pour la station de Foligno ; nous nous arrêtâmes là, tout juste le temps de dîner, mais nous, qui voulions tout voir, nous laissâmes les dîneurs à leur aise et nous prîmes deux voitures pour aller voir la ville qui n'est pas grand'chose ;

mais une de ses églises est très-jolie, et possède deux corps saints, l'un de sainte Angèle ; de l'autre je ne me rappelle pas le nom. Cela fait, nous retournâmes à la gare reprendre le train pour dîner sans façon dans notre wagon-salon. Le soir, à neuf heures, nous arrivons à Ancône, le temps seulement d'y prendre un mauvais bouillon ; à dix heures, nous repartions pour arriver à dix heures et demie à Lorette, à l'hôtel de la Poste ; nous nous pressâmes de nous mettre tout de suite à table et de bien dîner, pour que, minuit sonnant, nous fussions au moins dans nos chambres, sinon dans nos lits. L'heure était trop solennelle pour nous tous ; nous voilà, de nouveau, tous les prêtres dans une chambre et les dames dans les deux autres, mais chacune son lit. Peu importe si nous dormîmes bien ou mal, tant il y a que nous rîmes beaucoup. A trois heures sonnant, on vint nous éveiller ; ce fut sans peine, croyez-le, c'était déjà fait ; à l'instant il fallut allumer sa bougie, se dépêcher de s'habiller, parce que nos prêtres voulaient dire leur messe dans la sainte chapelle, craignant que plus tard l'autel ne fût pris par d'autres. En effet, à quatre heures, nous étions déjà tous à l'église, qui était assez rapprochée de l'hôtel ; nos bons prêtres dirent chacun leur messe comme ils le désiraient, et les dames firent là aussi une bonne communion. Nos dévotions terminées, nous passâmes le reste de la matinée à visiter tout ce qu'il y avait à voir : l'église d'abord qui est très-grande et très-jolie ; puis la maison de la sainte Vierge transportée là par les anges, laquelle forme la sainte chapelle aujourd'hui, et qui jadis était son appartement ; elle est construite en briques très-communes, les mêmes qui existaient alors ; l'autel qui est au fond est surmonté de la statue de la Vierge tenant l'Enfant-Jésus ; elle est très-brune, presque noire, sa robe est faite à l'antique et non drapée, le devant couvert littéralement de diamants et de pierres précieuses de toutes les couleurs, d'une beauté admirable, d'une richesse incalculable. On ne se lasse pas aussi d'être en admiration devant le trésor qui est renfermé dans la sacristie : ce ne sont que des présents de têtes couronnées, rois, empereurs, princes, princesses, etc. Il consiste en couronnes, diadêmes, colliers à deux où trois rangs de pierreries, parures de toutes sortes en diamants, rubis, saphirs, émeraudes, perles fines, enfin tout ce qu'il y a de plus beau dans l'univers en fait de pierres précieuses, c'est magnifique. Après cette visite-là, les pères capucins qui desservent l'église et qui en sont les gardiens, parce que leur couvent est là, nous montrèrent, derrière l'autel de la Vierge qui coupe l'appartement en deux, la petite cheminée, dite l'âtre, où elle préparait les aliments nécessaires à la nourriture journalière, la coupe en terre où elle buvait, ainsi que le petit Jésus, une écuelle de service, de même en terre, comme un petit plat. Ainsi que tous les pèlerins, nous avons baisé avec le plus grand respect et la plus profonde vénération ces différents objets. Mais il fallait partir, nous y laissâmes beaucoup de monde, surtout un grand nombre de prêtres de tous les pays. Nous fûmes faire un petit déjeuner à la hâte ; puis, n'ayant plus rien à voir que le beau coup d'œil de la place supérieure d'où l'on aperçoit les montagnes. de Castelfidardo, nous partîmes pour Ancône à huit heures ; là, en attendant le train qui allait passer vers dix heures, nous prîmes des voitures pour parcourir et connaître la ville qui n'est ni grande ni jolie ; c'est un petit port de mer, mais il fallait pouvoir dire au retour : J'ai vu l'Adriatique et la Méditerranée. A l'heure dite, nous étions en route pour Foligno ; là, sans nous arrêter davantage, nous prîmes un omnibus pour nous conduire à Assise ; c'est à une heure de la Station, toujours en montant ; nous passâmes toute l'après-dînée à visiter ce petit pays, qui n'a d'attachant que les souvenirs de saint François, le couvent où il n'y a plus de religieux, sa très-belle église, la chétive maison. où l'on vous montre la chambre où est né ce grand saint, puis le monastère des filles de sainte Claire. Rien autre chose à dire, si ce n'est que nous reçûmes sur nos épaules, en nous promenant, quelque peu de neige bien froide, mais ce ne fut rien. A la nuit, nous fûmes à l'hôtel pour dîner et coucher. Le lendemain avant le jour, nous repartions avec notre omnibus pour Foligno. Sans perdre de temps à la gare, nous fîmes route à l'instant pour arriver à deux heures et demie à Florence ; là, nous fîmes un très-bon dîner, mais bien triste, car nous allions nous séparer problablement pour toujours de la plus chère partie de notre société ; nos quatre Lyonnais, c'est-à-dire les trois sœurs et leur guide, allaient nous quitter pour remonter à Lyon par Suze et le mont Cenis, encore tout couvert de neige ; mais il fallait arriver pour le premier dimanche du carême. Oh ! quel chagrin nous causa cette séparation ! nous en avions les larmes aux yeux, c'était douloureux, nous nous aimions déjà comme de vieux amis ; ces demoiselles étaient charmantes, si bien élevées, parlant très-bien et si à propos, bonnes musiciennes, chantant délicieusement, d'une société si douce, si agréable ! Oh ! quel terrible moment fut ce départ ! Nous nous promîmes bien de ne pas nous oublier, de nous écrire, nous échangeâmes nos adresses ; mais, hélas ! que n'oublie-t-on pas en voyageant ? Le proverbe si usité ne nous le rappelle que trop. Moi, je me le rappelle souvent, et je ferais volontiers le voyage de Lyon pour les revoir et les embrasser tendrement encore. Mais cinq heures sonnant à l'horloge, l'omnibus de l'hôtel nous les enleva avec sa vitesse ordinaire.

Je dirai un dernier mot sur cette triste séparation : pendant les quelques heures qui furent les dernières, ces demoiselles se mirent à chanter douloureusement cette jolie romance d'Hippolyte de Monpou :

Adieu mon beau navire,
Aux grands mâts pavoisés,
Je te quitte et puis dire :
Mes beaux jours (*bis*) sont passés !

Alors je me mis à chercher un crayon avec un vieux chiffon de papier, et j'écrivis à la hâte, sans préparation aucune, ces quelques couplets, que je vous donne malgré leur peu de valeur ; ils n'en ont même aucune. Les voici tels quels, sur l'air ci-dessus :

**REFRAIN.**

Adieu, charmant voyage,
Pour nous semé de fleurs,
Empruntons le courage
De l'achever sans pleurs.

**PREMIER COUPLET.**

Ces aimables compagnes
Dont le chant ravissait,
Donnaient à nos montagnes
La joie qu'il répandait ;
Ces monts aux blanches neiges,
Ces vallons reverdis,
Ces fleurs aux feuilles fraîches
Créaient un paradis.

Adieu, charmant voyage, etc.

**2ᵉ COUPLET.**

Adieu la causerie
Dans nos joyeux wagons,

Elle donnait la vie
A tous ces frais vallons ;
Dans un profond silence
Ils passent maintenant,
Et chez eux toute absence
Et de ris et de chant.

Adieu, charmant voyage, etc.

**3ᵉ COUPLET.**

O vous, riches bocages,
Soleil si radieux,
Amis de tous les âges,
Je vous fais mes adieux ;
Au printemps, l'hirondelle
Reviendra pour vous voir,
Mais moi qui n'ai point d'aile
Je pars, et plus d'espoir.

Adieu, charmant voyage,
Pour nous plein de douceurs,
Armons-nous de courage,
Et quittons-nous sans pleurs.

Le lendemain, c'était le jeudi-gras, nous trouvâmes à Florence une très-belle exposition de vins, de fruits, de plantes, de fleurs; on y voyait des raisins et des pêches fraîches comme si on venait de les cueillir ; cette exposition avait attiré beaucoup de monde : il y eut de la musique toute la journée pour les amateurs, puis des jeux publics, c'était très-gai. Dans l'après-midi, à trois heures, eut lieu la sortie du carnaval ; elle eût été fort amusante, si une pluie bien désagréable n'était venue mettre tout en désordre. Déjà nous avions vu défiler de très-beaux équipages remplis de dames masquées, très-bien mises, jetant aux passants, ainsi qu'aux promeneurs, des bonbons, des dragées, des papillottes qui, comme vous pensez, faisaient courir les enfants en foule; je ne sais comment il s'est fait (si ce n'était pas la volonté de Dieu) qu'il ne s'en soit pas écrasé une cinquantaine au moins, et c'est peu dire, car ils faisaient tout ce qu'il fallait pour cela, mais on sait qu'en tout temps ils ont eu une protection de Dieu toute particulière qui les sauve. Du balcon de ma chambre, où j'étais admirablement placée pour voir défiler la mascarade, j'étais à chaque instant troublée par ce spectacle effrayant de voir un de ces petits drôles sous les roues d'une voiture; il est vrai qu'elles marchaient au pas, mais n'importe, en de semblables circonstances, il faut toute l'adresse et toute l'habileté des cochers pour éviter des malheurs ; en effet il n'arriva rien. Au milieu de toutes ces belles voitures arrivèrent les chars symboliques : l'Olympe, l'agriculture, un beau navire aux grands mâts pavoisés; il est vrai que, comme toujours, ils pêchent un peu, souvent beaucoup, dans la ressemblance, surtout pour nous, gens d'un port de mer; mais n'importe, cela était très-joli Ce fut le dernier, il devait y en avoir dix-sept, disait-on, mais il n'en parut que trois à cause de la pluie qui fit rentrer bientôt cette réjouissante cavalcade. Cependant ce fut un spectacle fort amusant pour les étrangers. Le vendredi, nous parcourûmes les musées, dont un surtout est très-beau et d'une réputation européenne ; il est immense, puis il vient se rallier au palais Pitti ; là, on attendait dans la nuit même celui que les Italiens appellent le roi ; il voyage toujours de nuit, incognito, à peu près seul, sans luxe ni apparat. Puis nous parcourûmes la ville qui est très-grande, très-belle, les églises, la magnifique cathédrale, dont l'extérieur surtout est d'un genre particulier, son clocher est renommé, le baptistère, les quais sur l'Arno, les ponts, les places, etc. Et le soir, après trois jours de séjour, nous partions pour aller dîner et coucher à Pise, qui n'est qu'à deux heures de distance. Nous y arrivâmes de nuit, par une très-belle soirée, ce qui nous fit trouver le coup d'œil magnifique ; le fleuve, bien éclairé dans son parcours, est une ravissante chose. Le lendemain, au jour, nous étions encore sur pied pour visiter la ville, sa cathédrale surtout, qui, à mon avis, est encore plus belle que celle de Florence, sa tour penchée qui est unique dans l'univers, son baptistère, son cimetière ; le sommet de la tour qui n'est pas d'aplomb m'avait donné le vertige, j'en avais mal au cœur, et je fus obligée de descendre bien vite pour m'asseoir dehors en tournant le dos à l'édifice qui semblait tomber sur moi. C'est vraiment très-curieux qu'une construction semblable. Vint le soir et je dus perdre là mes derniers compagnons de voyage ; tout ce reste de la caravane se divisa : les prêtres allaient rentrer dans leurs différentes paroisses, leurs vacances étant à leur terme, et je leur fis à ce moment-là des adieux qui seront probablement éternels, car où les retrouver, dispersés comme ils le sont sur une si grande surface de pays ? Ce bon curé de Perpignan, mon voisin d'appartement pendant deux mois, celui de Chambéry, qui avait une si belle voix et qui chantait si bien ! Oh ! que je fus donc triste en les voyant remonter en wagon pour le nord de l'Italie ; j'avais passé de si longs jours en leur si bonne et aimable compagnie ! Tout ce monde rentrait en France par le mont Cenis ; que faire, moi toute seule ? Je pris la route de Livourne, j'y dînai, puis je repris mon wagon, tristement, silencieusement, passant encore là toute la nuit pour me rendre de nouveau à Rome le dimanche matin et y entendre la messe. Qui sait où mes pauvres prêtres dirent la leur ? Mais quel charmant et heureux voyage nous avions fait là !

Je ne fis dans cette dernière traversée qu'une seule connaissance, ce fut celle d'un jeune prêtre de Dijon qui venait à Rome pour la première fois, à qui j'avais rendu quelques petits services d'indication, de choses à voir dans ce pays que je connaissais déjà si bien ; il me fit même plusieurs visites. Me voilà donc encore à Rome pour profiter des Quarante Heures, plus des derniers jours de carnaval, car quoi qu'on en dise, il y a temps et liberté pour tous dans ce pays : chacun fait ce qui lui plaît, il est libre ; moi, bien entendu, j'ai profité de tout ce qu'il y avait à faire ou à voir. J'étais à l'église à l'heure des exercices ou de la prière, au sermon quand il y en avait, puis au Corso où j'avais une excellente place, à mon choix, à la fenêtre ou sur la porte de mon marchand de chapelets, M. Castagnier de Marseille, mon compatriote. En tout et pour tout, il a toujours été très-complaisant pour moi, ce dont je lui suis bien reconnaissante ; il était aussi un des convives obligés des dimanches chez le bon Mgr Joannin.

Le carnaval était donc autorisé à Rome, même avec le masque, les trois derniers jours. Il fut ouvert par la voiture d'un cardinal, qui se retira bientôt, puis par celle du gouverneur en costume officiel, la cavalerie en grande tenue faisait suite au cortége obligé : tout cela voulait dire : Le carnaval est ouvert, vous pouvez vous amuser. Il ne faut pas oublier de dire, à la louange de cette population, que, si elle profite avec bonheur de cette permission de trois jours, le mardi avant minuit il n'y a plus personne dans les rues, ni la moindre trace d'amusement ; c'est le carême qui commence, chacun l'observe fidèlement, le bruit cesse partout.

Cependant, quoique terminé, je veux parler encore un peu de ce pauvre carnaval si peu connu de mes lecteurs : d'abord il eut lieu avec un très-beau temps et c'est déjà beaucoup. Le beau de la chose se passe au Corso, qui n'est autre qu'une longue rue ; elle n'est pas large, elle l'est moins que notre rue de Rome ; elle était remplie de monde dans toute sa longueur, comme un de nos jours de procession ; les fenêtres et les balcons occupés jusqu'aux plus hauts étages ; les terrasses aussi pour mieux voir le coup d'œil ; le beau sexe, bien entendu, était là prêt à soutenir le siége aux premiers étages. Les physionomies rayonnaient de bonheur, l'assaut se préparait sur tous les points à la fois, dans toute la longueur de la rue, et gare, non pas aux coups de feu, mais aux coups multipliés de certains soi-disant bonbons que l'on fabrique pour la circonstance, que l'on appelle *confetti*, et qui ne ressemblent en rien aux dragées qu'on prodigue si généreusement à Florence, qui sont là le vrai bonbon, d'excellentes dragées, tandis qu'à Rome l'on a inventé ceci : un petit pois blanchi dans la farine, que personne ne ramasse dans la rue, sinon les polissons, pour les revendre après les avoir lavés ; ces *confetti* n'ont que le mérite de blanchir les vêtements des passants, en y laissant l'empreinte de leur couleur, de façon que les jeunes gens qui ne sont pas recouverts d'une blouse blanche ou grisâtre ressemblent à des poissons enfarinés prêts à être jetés dans la poêle à frire ; cette petite ballotte ou ce projectile, dur comme la pierre, a l'inconvénient de marquer le visage ou la main de ceux qui en sont atteints, en leur faisant assez de mal pendant quelque instants ; alors, pour parer à cet inconvénient, les jeunes gens, les promeneurs agaçants se munissent d'un masque ou pour mieux dire d'un treillis ou grillage qui prend la forme du visage, des gants aux mains, et alors ils sont en règle pour se présenter à la bataille ; eux visent aux fenêtres, aux balcons, où sont assises les dames de leur choix, qu'ils assaillent par des bouquets souvent très-gros, qui peuvent aussi faire du mal, si on ne cherche pas les moyens de les éviter, et les dames ou demoiselles envoient sur les épaules des jeunes gens le soi-disant bonbon en question, qui est contenu dans de jolis sacs ou d'élégantes corbeilles, que l'on renouvelle aussi souvent qu'on les vide, car, en les jetant à grosses poignées, on en a bientôt vu la fin. Heureusement que cela n'est pas cher ; les marchands qui passent dans la rue les vendent au poids et en ont toujours un assez grand approvisionnement pour les renouveler ; aussi, au bout de la journée l'entassement dans la rue en est si considérable, qu'il est facile de l'évaluer à cinq ou six centimètres d'épaisseur.

Ce jeu-là, que l'on nomme la Bataille, dure depuis trois heures jusqu'à la nuit; cela fait rire beaucoup, surtout ceux qui ne sont que spectateurs; les masques qui passent dans la rue, quand ils ne sont pas au gré des balcons, sont comme saisis par un temps de grêle, ils ne peuvent plus s'en tirer, c'est à mourir de rire; le public veut leur dire par là : Va-t-en, je ne veux pas te voir, tu es trop laid ou trop sale. Je n'ai vu qu'un seul char qui eût l'air de quelque chose ; il représentait l'agriculture; il était joli celui-là ; il reçut des personnes qui garnissaient les balcons beaucoup de bouquets ; ce sont les balcons qui forment les juges de camp ou le jury universel, ils prononcent des arrêts sans appel. Le reste de la cavalcade est peu de chose, tout se borne à faire rire ; mais après avoir bien ri, ce qui m'amusa beaucoup moins et qui est toujours effrayant, et dangereux même, c'est que. vers le soleil couchant, il passe dans toute la longuenr du Corso, depuis la place du Peuple jusqu'à celle de Saint-Marcel, d'abord une trentaine de cavaliers à cheval sonnant de la trompette pour avertir que la course des chevaux va commencer, qu'on ait à se retirer tout de suite du milieu de la rue pour la laisser libre; après cette annonce, dont on ne tient guère compte, il vous arrive de loin trente ou quarante chevaux seuls, sans cavaliers, courant à bride abattue comme pour renverser tout sur leur passage et arriver plus tôt au but pour remporter le prix. Ils sont excités de plus par les cris, les applaudissements de la foule; oh! c'est effrayant et trop dangereux ; mais cela amuse. A moi, il me semblait qu'ils allaient tout renverser, tout tuer, vingt ou trente personnes au moins. Heureusement qu'il n'arriva rien pendant ces trois jours, pas une égratignure pour personne; c'est tout de même fort étonnant, mais cela compte pour le carnaval. Puis le mardi soir, pour en finir, on illumina toute la rue, c'est-à-dire qu'au lieu d'acheter des confetti, on achète de toutes petites bougies d'un sou, et à toutes les fenêtres ou balcons des combattants, les dames allument ces bougies pour regarder passer à leur clarté cette foule de jeunes gens désarmés, qui se promènent tranquillement dans la rue, jouissant alors en repos du plaisir de contempler leurs aimables et soi-disant terribles adversaires du carnaval ; c'est-à-dire que la paix est signée jusqu'à l'année prochaine : d'autres allument des lampions, du gaz, en somme le coup d'œil est charmant, tout le monde s'est amusé à peu de frais et bien innocemment.

Chez les grands personnages de Rome, il y eut quelques bals durant le carnaval; il y en eut deux ou trois à l'ambassade française, mais je ne suis allée nulle part, n'ayant fait aucune demande pour y être admise et n'étant pas connue·

Mais si je n'avais fait aucune démarche pour avoir mes entrées dans les salons des grands du jour, j'en avais fait pour les avoir chez les princes de mon choix, chez le roi et la reine de Naples, chez M. le duc et la duchesse de Parme; ce prince avait eu la bonté de me dire : « Madame, ne faites plus de demande par écrit pour venir chez nous, nous recevons tous les vendredis, venez toutes les fois qu'il vous plaira. » J'ai donc usé et non abusé de la permission ; ils sont si aimables ces bons princes ; le roi et la reine de Naples : aussi ils ont été si malheureux ces pauvres exilés !

Maintenant nous voici arrivés au carême, je n'aurai plus à parler que des sermons, des retraites, car il yen a eu beaucoup : j'ai suivi M. Combalot le mardi et le jeudi, à Saint-André della Valle ; il y avait peu de monde, quoique les instructions fussent très-bonnes: les dames qui, ordinairement, forment la plus grande partie d'un auditoire, ne parurent pas le goûter: il y avait cependant en majorité assez d'ecclésiastiques, d'évêques, de zouaves, de soldats. M. l'abbé Bougaud, grand vicaire d'Orléans, prêchait à Saint-Louis des Français le mercredi et le dimanche; il attirait beaucoup de monde, surtout les belles dames ; son auditoire était des mieux composés et des plus suivis, c'est qu'il prêche si bien! Le père Hippolyte, supérieur des Carmes, faisait l'instruction du vendredi seulement ; il avait aussi beaucoup de monde, mais c'était un autre genre que celui de M. Bougaud; l'un était brillant, l'autre tout pratique ; il y avait de quoi contenter tous les goûts. Moi, j'allais les entendre tous les deux, parce qu'ils me plaisaient beaucoup l'un et l'autre ; il ne me restait, ce me semble, qu'un seul jour de la semaine libre, c'était le lundi, eh bien ! pas du tout. M<sup>gr</sup> Landriot, archevêque de Reims, avait eu la bonté de choisir ce jour-là pendant tout le carême, pour nous donner, à trois heures, des conférences familières, sans préparation ni recherche littéraire, mais toutes pratiques, dont nous avions tout lieu de profiter. Cela se passait dans un des grands salons du palais Altieri, chez M⁰ᵉ la marquise d'Espinola, où logeait Mᵍʳ Place. On pouvait au besoin adresser des questions à Mᵍʳ Landriot, ou verbalement ou par écrit, sur ce qui pouvait sembler douteux en quelque manière, et il y répondait très-obligeamment pour vous rassurer sur toutes ces choses, sur les scrupules, par exemple, sur la manière de se confesser, sur la communion, etc., et c'était très-agréable à suivre. Nous n'étions là à peu près qu'une cinquantaine, mais bien attentives à écouter toutes ces bonnes instructions. Il n'y eut plus de conférence dans la Semaine Sainte. Je suivis aussi une retraite pour les dames à la Trinité-des-Monts donnée par Mᵍʳ Mermillod ; elle fut très-suivie, très-goûtée. Sa parole attire toujours un nombreux auditoire ; l'église a de la peine, quelque grande qu'elle soit, à contenir tous ceux qui désirent l'entendre Mᵍʳ de Tulle, Mᵍʳ de Brieuc et autres ont aussi donné des retraites avec un grand succès ; nous avons un grand nombre de bons prédicateurs dans l'épiscopat français, sans contredit. Tout le temps du carême fut donc consacré à visiter toutes les églises et chapelles qui me restaient à voir, ainsi que les corps si nombreux de saints que possède Rome ; il n'y en manque pas, je vous assure. Tous les vendredis j'allais faire régulièrement mon Chemin de la Croix au Colysée ; là, à cinq heures, la Confrérie des Pénitents gris venait en procession faire ses stations, et un prêtre donnait l'instruction en plein air au public qui est toujours assez nombreux ; mais elle est prêchée en italien, ce qui n'avait pas un grand charme pour moi ; alors je m'en retournais. J'ai monté plusieurs fois aussi la *Scala sancta* à genoux, entre autres le Vendredi-Saint, où il y avait foule ; c'est le même escalier, les mêmes marches que Notre-

Seigneur montait pour aller chez Pilate. Dire toutes les cérémonies religieuses que j'ai vues à Rome serait beaucoup trop long, et j'arrive tout de suite à la Semaine Sainte que je n'abandonne plus jusqu'après Paques. Mais, dans le Carême, cependant, je n'ai pas encore parlé de la belle fête de sainte Catherine de Sienne à la Minerve. Son corps est sous l'autel. Là de nouveau la visite du Pape dans toutes ses splendeurs, sa belle voiture dorée à six chevaux, suivie de l'escorte habituelle; même foule, mêmes cris, même enthousiasme, mêmes démonstrations qu'au *Te Deum*, au Gesu. Je dois dire aussi que, dans mes loisirs du Carême, je cherchais à me rendre utile autant qu'il était en mon pouvoir : je le fus entre autres pour l'excellent évêque de Roseau. Dans une de mes fréquentes visites à l'immense palais de Napremonte, où logeaient huit évêques et leur suite, il me disait qu'il était bien pauvre, que ses missions le laissaient toujours à sec, que si, par mes connaissances, je pouvais lui faire avoir quelque chose de l'association des Missions Etrangères, surtout un ornement blanc complet pour dire sa messe le jour de Pâques, je lui ferais grand plaisir, parce que le sien n'était pas portable, tant il s'était sali dans son long voyage. Je lui promis que je ferais de mon mieux pour le contenter. En effet, je courus chez la bonne comtesse Urbani, mon amie, que j'aimais beaucoup et qui me rendait de son côté toute l'affection que je lui portais. Sachant qu'elle faisait partie de cette association, je lui fis part de la demande dont je m'étais chargée auprès d'elle, et tout de suite elle me dit : « Mettez-moi tout cela par écrit. Comme la pauvreté de cette Mission est connue, je le donnerai moi-même à ma belle-sœur, la marquise de Bourbon, qui est présidente de l'Œuvre, et soyez certaine qu'elle vous fera une bonne part dans sa prochaine distribution. » J'en avertis M<sup>gr</sup> de Roseau, et quelques jours après, il recevait de la généro-

sité de ces dames la chasuble blanche en soie, galons de même ;
l'aube et accessoires pour la messe du jour de Pâques qui lui
tenaient tant à cœur à cause de la propreté. Il disait sa messe
dans un salon, où l'on dressait l'autel tous les jours. Pour ses
missions, on lui donna un calice et un ciboire portatifs en argent avec la coupe en vermeil ; ces objets-là se replient sur
eux-mêmes, et s'enferment dans une petite boîte que l'on met
dans la poche au besoin pour les missions lointaines où l'on
s'arrête par-ci par-là, très-souvent. Dans cet envoi se trouvait
encore une boîte en vermeil pour renfermer les saintes huiles
et le saint-chrême, plus du linge en toile fine pour le service de
l'autel. Oh ! qu'il fut content ce bon évêque ! Il est Français,
de la communauté des Eudistes, qui dirigent la maison du
Refuge, à Marseille ; aussi, c'est chez ces Pères qu'il va loger
lorsqu'il s'arrête en notre ville et ,pour me faire plaisir en revenant de Rome, sur trois jours qu'elle y passa, Sa Grandeur
voulut bien m'en accorder un tout entier dans sa visite que je
reçus à ma campagne de Saint-Jérôme, ce dont je lui suis
très-reconnaissante. J'ajoute encore, au sujet des dons offerts
par les grandes dames aux Missions Étrangères, qu'une d'elles
fit présent au Saint-Père de trois ornements complets pour la
messe : un blanc, un rouge, un vert, pour qu'il eût le plaisir
de les distribuer lui-même à qui en aurait besoin. Alors, en
étant prévenue, je fis prier cette dame de vouloir bien indiquer Msr de Roseau dans le partage que Sa Sainteté ferait de
ces ornements ; je ne sais pas si j'ai réussi dans mon désir.

Je dois faire connaître à ceux qui ne le savent pas que
l'on confectionne à Paris, maintenant, des coffres exprès qui
renferment dans leur petit volume ce qu'il y a d'indispensable pour le saint sacrifice quand le prêtre est en mission.
Cette petite caisse, bien fermée, contient la pierre sacrée, le
missel, les chandeliers, les cierges, les burettes, la sonnette,

le vin, l'eau, enfin tout ce qui est indispensable pour la messe; cela est parfaitement rangé, conditionné, avec l'ornement du prêtre dessus, et se transporte en tous lieux sur la tête ou l'épaule du nègre qui voyage, lui, sans souci et sans s'inquiéter de rien dans les longs trajets qu'ils ont souvent à parcourir ensemble.

Je n'ai pas encore parlé des différentes audiences publiques au Vatican, mais non particulières, que je n'ai jamais demandées au Saint-Père, n'ayant rien à lui communiquer me concernant. Or, un jour entre autres, je n'étais séparée de lui que par son valet de chambre ou son garde du corps. Quelles belles heures l'on passe là, comme en famille! qu'il est admirable ce Saint-Père! quelles bonnes et saintes paroles il nous disait à tous! qu'il était touchant dans ses exhortations si bien senties, si paternellement rendues! Oh! il est admirable en tout et pour tous! Quand nous tombions à genoux pour recevoir sa bénédiction, nous ne nous relevions qu'avec les larmes aux yeux et la paix dans le cœur; il nous semblait qu'après cette faveur reçue, nous ne pouvions qu'aller droit au ciel.

Mais, nonobstant ces grands jours d'audiences, que de fois je l'ai cherché, suivi ou rencontré, soit à l'heure de sa promenade vers quatre heures, quand il faisait beau temps, soit au Pincio ou au Forum Là, il quittait sa voiture pour faire à pied le tour des jardins et il rencontrait toujours quelque évêque qui était très-heureux de l'accompagner dans sa promenade, de causer avec lui familièrement comme on le fait avec un ami, sans la moindre distinction; les promeneurs cependant montrent toujours le plus grand respect pour sa personne; on se met à genoux à son approche pour recevoir sa bénédiction, on le salue de loin avec la plus grande vénération, les dames descendent de voiture pour présenter les enfants à bénir, c'est charmant à voir.

J'ai pris le temps aussi et le courage au besoin de visiter plusieurs catacombes les mieux conservées de Rome; ce sont celles de Saint-Sébastien et de Saint-Calixte. On ne voulut pas nous laisser descendre dans celles de Sainte-Agnès hors les murs, elles sont trop dangereuses, dit-on. L'église de Sainte-Agnès est bien jolie. J'ai parcouru les carrières de marbre, vu travailler aux tranchées, chose très-curieuse. J'ai vu la belle colonne, résultat de ces marbres, que l'on polit à cette heure pour le monument qui sera élevé sur la place de Saint-Pierre Monterio, en face de l'église où saint Pierre fut crucifié la tête en bas pour ne pas ressembler à Notre-Seigneur sur sa croix. Le socle du monument est déjà terminé ; il est élevé pour perpétuer le souvenir de la proclamation du dogme de l'infaillibilité du Pape par le Concile, qui siége en ce moment (1870). Ce monument sera magnifique.

J'ai parcouru cent fois le Forum au milieu de toutes ses ruines très-bien conservées, même à notre époque, ainsi que les nombreuses églises qui couvrent son sol si fameux dans l'antiquité. J'ai vu Saint-Jean de Latran, les trois fontaines où saint Paul eut la tête tranchée et où sa tête, en tombant, fit trois bonds d'où il sortit à la place où elle se posait une eau jalllissante qui forme aujourd'hui trois fontaines ; c'est une chapelle desservie par des Trappistes. J'ai vu Sainte-Croix de Jérusalem où l'on vous montre une assez grosse partie de la vraie Croix, sainte Marie-Majeure, sainte Marie-des-Anges, les chapelles de Saint-Ignace, Saint-Louis-de-Gonzague, Saint-Stanislas, Saint-Sébastien, le bienheureux Labre, Saint-Clément, Sainte-Cécile, Sainte-Françoise, Saint-Pierre-aux-Liens, Mamertine, où sont quatre églises l'une sur l'autre, dont la plus profonde fut la prison de saint Pierre: ici l'on ne descend, bien entendu, qu'avec de la lumière. Là, à côté de l'autel où l'on dit la messe, se trouve une eau miraculeuse à laquelle on a grande foi pour guérir les maux d'yeux, etc., etc.

J'ai vu aussi, à Rome, des feux d'artifice et des illuminations comme on en fait nulle part, surtout à Marseille ; j'aurai à en parler plus long tantôt. J'avais une très-belle place au sacre des trois évêques français à Saint-Louis, et j'ai parfaitement entendu le discours de M<sup>gr</sup> Donnet à cette cérémonie, prononcé avec son grand talent si connu de tout le monde. Ce sacre, plein d'intérêt, où assistaient tous les évêques français en mître, fut un spectacle magnifique ; seulement c'était un peu long, ça n'en finissait plus. Il va sans dire que l'église était remplie de curieux ; moi, j'étais derrière les évêques non mîtrés qui n'avaient pas pu trouver de place ni dans le chœur ni dans le sanctuaire, presque à toucher notre ambassadeur, qui était là aussi avec toute la légation française.

J'étais aux tristes funérailles du brave et religieux colonel d'Argy, où assistait encore toute l'ambassade française, y compris toute la troupe qui l'aimait beaucoup, le regrettant infiniment ; il était aussi très-aimé de Pie IX. Son corps fut descendu dans un des caveaux de l'église avec une épitaphe sur la pierre. Les funérailles de plusieurs évêques français morts à cette époque à Rome, ont toujours eu lieu pareillement à Saint-Louis, et leurs corps y reposaient jusqu'à leur départ pour la France. Mais, par exemple, celles du grand-duc de Toscane eurent lieu avec toute la pompe princière aux Saints-Apôtres, sa paroisse ; le Pape y assista et fit l'absoute. J'ai vu encore une bien triste cérémonie : d'abord la joie du baptême de la petite fille du roi de Naples, tout ce beau cortége de voitures armoriés se rendant à Saint-Pierre pour présenter aux fonts baptismaux l'enfant royal, pour qu'il reçût du Pape lui-même le sacrement obligé par l'Eglise. L'impératrice d'Autriche présente était marraine, et je me rappelle que ce fut le Pape qui fut parrain. Ce jour-là fut très-beau ; mais, hélas ! trois mois après, cette pauvre petite enfant fut enlevée à sa famille, après qu'on l'avait tant désirée pendant onze ans. Qu'elle était belle au milieu de ces blanches fleurs, de toutes ces tentures, ces voiles, ces draperies en gaze blanche parsemées d'étoiles d'or, de tous ces anges qui entouraient le cercueil, élevant au ciel des corbeilles de fleurs naturelles, blanches aussi, s'entrelaçant par des guirlandes vertes. Toute l'église était tendue en blanc, les prêtres à l'autel en blanc, point de chants funèbres, les dames de la cour ou parentes étaient en robes de soie très-claires, sans aucune garniture noire, les messieurs seuls étaient en grand noir avec leurs décorations de Naples. Ni le roi ni la reine n'y assistaient; ils avaient accompagné seulement l'enfant, disait-on, jusqu'à la porte du palais; ils tombaient de fatigue, car ils avaient passé l'un et l'autre cinq nuits de suite sans se coucher, prodiguant toutes sortes de soins à la malade, et encore ils ne purent pas la sauver. Pauvre famille!

J'avais retrouvé à Rome, M. et M<sup>me</sup> Brunton, après leur retour de Naples, et pendant toute une quinzaine nous n'avions pas cessé de parcourir la ville, ses alentours, sa campagne, ses jardins, le Vatican, ses musées, ses salles de sculpture, son musée égyptien, ses mosaïques, les galeries de tous les palais connus: Borghèse, Doria, Torlonia. Après ces quinze jours de courses consécutives sans repos, ces bons amis me quittèrent encore pour aller à Venise et visiter toute la haute Italie, où je ne pus les suivre, parce que je voulais ne partir de Rome qu'après les fêtes de Pâques. Je dus alors leur faire mes adieux.

J'ai vu très-peu de Marseillais ici ; il est vrai que le temps ne fut pas très-engageant pour voyager, car il a plu tout l'hiver à peu près, mais il n'a point fait froid ; à part les familles Aube, Rozan, de Greling, de Gaillard, quelques nouveaux mariés, par-ci, par-là, voilà les seuls représentants de mon pays ; point de prêtres.

En bonne chrétienne, je vais commencer ma Semaine Sainte par le dimanche des Rameaux, à Saint-Pierre. Dès lors, plus d'assemblée du Concile pendant la quinzaine de Pâques. Ce jour-là, ce fut le Pape qui bénit et distribua les rameaux à tous les cardinaux, évêques, etc., et nous, le pauvre monde, nous en achetions de très-jolis; j'ai toujours le regret de n'en avoir pu emporter le modèle à Marseille, mais je ne savais comment le transporter sans le gâter. La cérémonie fut très-longue, on peut le penser, mais l'effet de la procession fut prodigieux, c'était à enthousiasmer le plus petit comme le plus grand ; toute cette foule de peuple qui, en entrant ou en sortant, tenait joyeusement en main le symbole évangélique, le contentement peint sur tous les visages, oh! c'était bien touchant vraiment. On se croyait être à Jérusalem, à l'entrée triomphale de Notre-Seigneur.

Le mercredi, l'office fut chanté en musique, et je n'attendis pas la fin, bien entendu, mais le Jeudi-Saint fut une bien grande et bien belle journée, surtout bien remplie; elle dura depuis huit heures du matin jusqu'à dix heures du soir ; écoutez bien : après la grand'messe vint la procession, où le Saint-Père portait lui-même le Saint-Sacrement. Cette cérémonie achevée, le Pape monte au balcon d'usage; là, sur son trône si riche d'emblèmes royaux, il donne, avec sa magnifique voix si admirée, la bénédiction, non pas cette fois au monde entier, mais seulement à une partie de la ville jusqu'au fort Saint-Ange et à toute la foule rassemblée sur la place Saint-Pierre. C'était un coup d'œil admirable, où se mêlaient les cris de *vive le Pape! vive Pie IX! vive le Roi!* qui vont se perdre au loin et qui ne finissent même pas quand il a quitté le balcon; il était déjà plus de midi. Après cette manifestation si chaleureuse, le **Saint-Père** rentre dans l'église pour laver les pieds des apôtres; sa serviette sur le bras, se mettant humblement à genoux devant chacun d'eux, il lave et essuie de sa blanche main les pieds de tout ce petit monde. C'était encore bien touchant, je vous assure, que cet acte d'humilité; qu'il doit être grand devant Dieu! Après cela vient la Cène, où sa Sainteté sert les douze apôtres rangés autour d'une table parfaitement garnie; ils étaient en soutane blanche très-propre; on disait que c'étaient des prêtres étrangers pauvres, que l'on habillait et nourrissait ce jour-là. Le Pape, encore cette fois, avec sa serviette sur le bras ou à la main, comme le premier garçon de table venu, donnait les assiettes ou les échangeait, servait à boire à chacun, puis il remettait à un évêque, qui les recevait à genoux, l'assiette sale ou les plats achevés qui, alors, passaient dans les mains des domestiques de service. Combien cela remue le cœur! Quel silence régnait là! personne ne disait mot, cela va sans dire. Mais qui sait à quelle heure a dîné, lui, le Pape, ce jour-là, ce saint homme, peut-être à trois heures, car, à deux heures, nous étions encore là comme les autres; enfin on se retira, et moi aussi je fus dîner. Nous revenions à quatre heures à Saint-Pierre pour l'office encore exécuté et chanté en musique; je m'en fus pour aller visiter les églises jusqu'à huit heures A cette heure-là, j'allai de nouveau assister à une autre cérémonie bien touchante aussi à l'hospice des Pèlerins, où l'on n'entre que par billet d'invitation. C'est là que toutes les grandes dames romaines, reines, princesses et autres, font, à l'imitation du Saint-Père, la même répétition qu'à Saint-Pierre, c'est-à-dire qu'elles aussi lavent les pieds aux pauvres femmes qui arrivent de tous les environs. Des hommes, il en est de même, pour ceux qui viennent passer les fêtes de Pâques à Rome; on leur donne à souper à tous dans les vastes salles de l'hôpital.

Dans le même temps, se fait ensemble même cérémonie, c'est-à-dire que MM. les princes, les ducs, toujours dans le même local, remplissent, eux aussi, les mêmes fonctions de charité auprès des indigents, comme font les dames : le lavement des pieds et le service de la table après.

C'est une abnégation des plus humbles envers les pauvres.

J'ai donc vu ces dames en leur costume de ville : robe noire, en cheveux ou en coiffure ; de plus, seulement un long tablier de laine rouge à large bavette montant sur la poitrine, et de larges manches retroussées au besoin; quelques-unes avaient conservé leurs bijoux, broches, pendants d'oreilles, bracelets ; n'importe. Je les ai vues chacune prendre une de ces mendiantes sous son bras, avec une serviette sur l'autre, la conduire à la salle des bains, la déchaussant, lui lavant les pieds, les essuyant comme elle ferait à leur enfant, puis la rechaussant et la conduisant au réfectoire pour la servir à table comme elle le ferait à sa mère. J'ai trouvé tout cela très-moral, ainsi que très-édifiant ; que l'on dise après cela que le riche méprise le pauvre, en face de si belles actions de charité partant de si haut ! Est-ce beau, oui ou non ? Je le demande.

Voici comment cela se passe : la salle des bains est parfaitement disposée à cet usage ; il y a peut-être une cinquantaine de baignoires, je ne les ai pas comptées, l'une à côté de l'autre; chaque baignoire a ses robinets pour l'entrée et la sortie de l'eau, le siége pour s'asseoir a l'élévation d'une haute chaise ; devant, est une marche sur laquelle se met à genoux ou s'assied, pour remplir son pieux office, la personne qui s'y dévoue ; tout est en bois très-propre ; puis, quand l'opération est achevée, on la renouvelle une deuxième, troisième ou quatrième fois, selon le nombre des pauvres, qui, en quittant cette salle, passent dans une autre pour attendre que la kyrielle soit finie. Là, toutes réunies, on les reprend de nouveau sous le bras pour les conduire au réfectoire. l'éclairage est très-convenable, la table proprement servie, sans luxe bien entendu. On leur donne, à souper, un potage de purée de fèves, deux plats, l'un de sardines et l'autre de morue, plus, la salade, du fromage, des noix, une pomme; tout cela semblait très-bon. Quand tout ce monde fut à sa place, que l'appétit semblait ne pas faire défaut, que chacune s'en tirait très-bien à la vue de tous les spectateurs qui parcouraient les derrières des tables, que toutes ces belles dames remplissaient à souhait leur office de servantes, donnant à boire, changeant les assiettes, faisant les portions, etc.; il était dix heures et je sortis avec empressement pour aller dîner, moi aussi, car j'avais bien faim.

Il était temps. Cependant, avant de sortir, je fus donner un petit coup d'œil à la salle des hommes; ils me parurent aussi très-nombreux et mangeant de bon appétit. Il y avait beaucoup de vieillards; là, c'était encore, comme chez les femmes, de beaux et riches grands seigneurs, même des princes, qui faisaient aussi les humbles fonctions de servants des pauvres. Tous ces gens-là sont hébergés gratuitement dans cet hôpital pendant quatre jours, puis ils repartent à pied comme ils sont venus, chacun pour leur pays, en emportant, dans leur cabas de voyage, les restes de leurs repas, où ils ajoutent l'aumône du droit du pèlerin, dont ils profitent pendant toute leur route, plus ou moins longue. J'espère que c'est bien là de la charité? Vous ne sauriez croire combien c'est touchant, vous qui lisez cela, mais qui ne l'avez jamais vu, le cœur en est ému, les yeux sont pleins de larmes; oh! que la religion est belle, quand on la pratique avec tant de foi et d'amour, car c'est vraiment là celle que Dieu commande. On disait autour de moi que la reine de Naples faisait aussi partie de l'œuvre des pèlerins, et qu'elle venait comme les autres dames de sa cour faire son service régulièrement chaque année ce jour-là; mais je ne l'ai pas vue cette fois, elle était trop affligée, la pauvre mère !

Pour rendre compte en entier de ma journée, je n'ai plus qu'à parler de mes visites au Saint-Sacrement dans les nombreuses églises de l'intérieur de Rome; j'en ai vu une vingtaine au moins : les reposoirs y sont presque tous très-beaux; celui des Jésuites surtout, le collége romain Sainte-Agnès, Saint-Augustin, la Magdeleine, Saint-Louis des Français, etc.; il y avait foule partout, dans les églises comme dans les rues.

Le temps était très-beau et l'on en profitait. Je ne cessai mes courses que pour être rendue avant huit heures à l'hospice des Pèlerins, où un grand nombre de pauvres encombraient déjà les alentours. Avant de les faire entrer, on prend leur nom et leur demeure sur un registre particulier, le pays d'où ils viennent; tout cela est fait en règle.

Le Vendredi Saint, j'entendis l'office du matin à Saint-Pierre, et à sept heures, à Saint-Louis, la Passion prêchée par M. Bougaud, vicaire général et archidiacre du diocèse d'Orléans; il fut moins beau, à mon avis, que de coutume; il s'émut trop lui-même et n'émut pas assez son auditoire, qui était considérable; l'église était remplie surtout d'hommes, ensuite il fut trop long; nous en sortîmes à neuf heures; le sermon dura plus d'une heure et demie, sans office, bien entendu.

Le Samedi Saint, chose à ne pas omettre, j'étais admise pour la quatrième fois déjà à l'audience du Saint-Père; il choisit ce jour-là, à cause du départ prochain d'un grand nombre d'étrangers qui ne viennent à Rome que pour la quinzaine de Pâques. Nous étions bien cinq ou six cents dans la longue galerie des cartes de géographie. Je ne dois pas oublier de dire que les femmes, dans les audiences d'admission chez le Pape comme dans toutes les places qui leur sont réservées à Saint-Pierre, sont toujours vêtues en noir, voile noir sur la tête à l'espagnole, sans aucune couleur, ni chapeau, ni bonnet, ni gants.

Le Pape, cette fois, prit son texte dans la Passion de la veille, nous citant les sublimes et dernières paroles de Notre-Seigneur sur la croix : Tout est consommé. Il s'étendit longuement sur ces divines paroles, en commençant par se demander d'abord à lui-même si, au dernier moment de sa vie, il pourrait dire aussi avec toute sûreté de conscience, comme son divin maître : *Consummatum est.* « Hélas ! mon « Dieu, dit-il, ai-je bien rempli tous les devoirs de ma posi- « tion ? n'ai-je manqué en rien à la mission que vous m'avez « donnée sur la terre ? ai-je assez défendu chaleureusement « les intérêts de la Religion que vous m'avez confiés ? ai-je « bien travaillé sans défaillir à la prospérité de votre vigne ? « ai-je marché sans dévier un instant sur les traces de vos « saints apôtres Pierre et Paul qui sont en Paradis avec vous, « et que j'invoque chaque jour ? n'ai-je rien à me reprocher « qui ait été contraire en quoi que ce soit à vos divins ensei- « gnements ? etc., etc. » Enfin, après une sorte d'examen de conscience des plus approfondis, il demanda à Dieu s'il était vrai qu'il pût, comme lui, dire à son dernier moment avec toute confiance et sûreté : *Consummatum est.* « Oh ! « Seigneur, s'écria-t-il, ô mon maître, j'ose l'espérer, et « faites-moi la grâce qu'il en soit ainsi ! » Puis, s'adressant à nous tous qui l'écoutions avec une émotion bien visible, car il ne faut pas croire que l'on demeure là, froids et insensibles, en entendant de si belles paroles si bien dites, si bien senties, sans verser des larmes : hommes, femmes, soldats, officiers, généraux, enfin tous sont émus profondément ; puis, dis-je, s'adressant à tout son auditoire, il nous dit avec une très-grande bonté, dans le langage le plus pénétrant : « Et

« vous, mes frères, mes amis, mes enfants, pourrez-vous
« dire aussi à la dernière heure, comme Jésus-Christ, ces
« divines paroles : Tout est consommé ? Vous, pères de
« famille, avez-vous élevé vos enfants dans la crainte de
« Dieu et l'amour du prochain ? en avez-vous fait de bons
« chrétiens ? Vous, mères de famille, avez-vous donné de
« bons exemples et de bonnes leçons à vos filles ? avez-vous
« soigné leur éducation pour arriver, par un travail de tous
« les jours, à faire d'elles de bonnes épouses et de bonnes
« mères dans la société chrétienne qui les attend ? Vous,
« enfants, avez-vous toujours eu pour vos parents cet amour,
« ce respect, cette obéissance que Dieu vous commande ?
« leur avez-vous donné toutes les consolations qu'ils sont en
« droit d'attendre de vous ? etc. Et alors, s'il en est ainsi,
« comme j'aime à le croire, vous pourrez dire, de même que
« Notre-Seigneur sur la croix : *Consummatum est !* » Vous
rendre combien fut touchante cette belle exhortation à la
bonne mort est chose impossible ; nous pleurions tous du fond
du cœur, et chacun se frappait silencieusement la poitrine, en
faisant tout bas son *meâ culpâ* si opportun.

Oh ! quelle fut délicieuse, cette séance ! mais toutes les
fois que ce saint homme parle en public, il ravit et terrasse
tout son auditoire. D'abord, il choisit toujours son texte dans
l'évangile du jour, qu'il applique, avec toute la justesse de son
esprit, à la circonstance. Une première fois, ce fut sur l'évangile de la bonne et la mauvaise semence ; une autre, sur la
barque presque submergée où Jésus dormait ; une autre, sur
le paralytique guéri ; enfin, tout ce qu'il explique sur les
évangiles est sublime, l'on ne se fatigue jamais de l'écouter,
il est toujours trop court. Moi, je passerais ma vie à l'entendre,
tant il est sublime !

Nous voici arrivés au beau jour de Pâques. Grand'Messe

solennelle à Saint-Pierre : une foule compacte remplissait l'église ; on y vient de tous les pays connus. Après cette longue et interminable musique à grand orchestre, tout ce monde sortit sur la place, pour grossir la foule qui y stationnait depuis longtemps. Le Pape, montant de nouveau sur le balcon du centre, à la hauteur d'un deuxième étage, au milieu de son magnifique trône doré et de sa cour pontificale, donna, par tous les pouvoirs qu'il a reçus de Dieu et de sa pleine autorité, sa bénédiction à tout l'univers, c'est-à-dire *orbi et urbi*.

Quel beau spectacle que de voir, sur cette immense place, une population de quatre-vingt à cent mille âmes, silencieuse, à genoux, émue jusqu'aux larmes ! Une mouche s'entendrait voler, tant le silence est profond ; la belle et magnifique voix du Saint-Père domine tout : on l'entend du plus loin sur la place, il est heureux, il est content, il sourit de joie, il voudrait serrer dans ses bras le plus grand comme le plus petit, l'émotion le gagne et ses yeux se remplissent de larmes ! On se retire enfin, en saluant par des acclamations vives et chaleureuses, par des cris de *vive Pie IX! vive le Roi! vive notre Père!* mille fois répétés, ce saint et magnanime successeur de Saint-Pierre : on passe encore quelques courts moments en admiration devant sa personne.

Pendant ce temps, le canon du fort Saint-Ange tonne à grand fracas, pour annoncer, non à l'univers, mais le plus loin possible, ce qui a lieu à Rome à l'instant, et l'on se retire après chez soi, heureux comme des chérubins.

Mais ce pauvre Pape, je ne sais pas comment il n'est pas tombé malade de fatigue, après une semaine pareille ; il y avait de quoi éreinter un homme de trente ans, et lui est toujours le même, à son âge, plus frais, plus dispos et mieux portant. Par-dessus tout ça, on dit qu'il jeûne pendant tout le carême.

Dans l'après-midi de ce jour, à trois heures, je fus assister aux vêpres et au sermon, non plus à Saint-Pierre, mais à Saint-Louis, où M. Bougaud nous fit, entre autres, de fort jolis adieux ; il partait le lendemain matin. Le soir encore, nous courions voir la belle illumination de la façade de Saint-Pierre. Monseigneur de Fréjus, qui a toujours été si bon pour moi, avait un très-joli logement sur la place même, vis-à-vis la basilique ; là j'étais parfaitement placée, chaque fois qu'il y avait à voir quelque chose de particulier, et cela se renouvelait assez souvent ; j'allais donc, sans me laisser réitérer l'invitation chaque fois, prendre possession de ma place réservée, au deuxième étage qu'habitait Monseigneur. Là, devant ma fenêtre, très-commodément assise, je pouvais facilement attendre les événements, quels qu'ils fussent ; j'y trouvais toujours une excellente compagnie, la famille Veuillot entre autres, et beaucoup d'évêques. C'était aussi à cette excellente place que je venais recevoir les bénédictions papales, voir les illuminations, les entrées ou les sorties du Saint-Père, etc. C'était encore là que je m'installai le soir de Pâques : j'étais si bien. A huit heures, l'illumination de la façade de l'édifice commença d'abord : elle était toute en lampions régulièrement placés, faisant un très-joli effet, mais un effet connu, sans rien d'extraordinaire ; au coup de neuf heures sonnant, sans y comprendre autre chose qu'un mouvement magique, toute la coupole fut illuminée spontanément ; ce fut féerique · on ne pouvait pas y croire, une minute est trop longue pour arriver à ce phénomène. On vous dit : regardez vite, et c'est fait ; quelle promptitude inimaginable ; ce fut vraiment merveilleux. La foule qui couvrait cette grande place, le Saint-Père et sa maison qui se promenaient sur la jolie terrasse du Vatican, un temps très-doux, sans un brin de froid ni de vent, point de fâcheux événement, tout fut réuni pour nous procurer une soirée délicieuse sans, contredit. Mais ce fut bien autre chose pour l'illumination du 12 avril, qui, tombant dans la Semaine Sainte, fut renvoyée, cette fois, à la troisième fête de Pâques.

Je vous rappelle, en passant, que le 12 avril est le jour où Sa Sainteté rentra dans Rome après son exil à Gaëte, et cette circonstance coïncide avec celle où, à pareil jour, il assistait ou officiait à la fête de Sainte-Agnès-hors-les-Murs; lorsque, étant à table avec tous ceux qui l'avaient accompagné, il tomba, à cause de l'éboulement du plancher, dans la cave, au milieu de tous ces embarras, sans se faire aucun mal, pas seulement une égratignure. Ce fut un miracle des plus sensibles ; depuis ce temps-là, chaque année, à pareil jour, on ne manque pas de faire à Rome une illumination générale. Tout le monde, pauvre ou riche, y contribue ; alors le Pape, en revenant aussi chaque année de Sainte-Agnès, où il va à cinq heures pour rentrer en ville après la nuit, profite, dans sa promenade, de la belle illumination qui a lieu en son honneur. Il parcourt en voiture, même un peu à pied, les places et les grandes rues, presque tous les quartiers, se réjouit de tout cela, en prend sa bonne part, puisque c'est pour lui, et rentre au Vatican vers neuf heures. C'est encore ça qui est beau à voir ; je vais donc aussi vous le conter. Avec une de mes amies et voisines, la baronne Giraud, de Chambéry, nous prîmes une voiture découverte, nous y plaçâmes nos deux domestiques devant, et tous les quatre nous parcourûmes la ville depuis huit heures jusqu'à minuit pour tout voir à l'aise. La soirée était délicieuse par sa douceur ; toutes les maisons, les églises, les palais, les rues, les places étaient illuminés ou avec des lampions ou avec des lanternes vénitiennes qui, par leur arrangement si bien combiné dans la variété de leurs couleurs, offraient un coup d'œil charmant, jusqu'aux petites niches, qui sont en grand

nombre aux coins des rues, servaient par leurs feux isolés à
l'effet général de l'illumination ; c'est qu'à dire vrai, les Romains ont un talent de premier ordre pour ces sortes des
choses. Moi aussi, bien entendu, j'avais éclairé mon deuxième
étage avec des lanternes de louage. C'était très-joli : les places
publiques étaient presque toutes transformées en jardins :
vingt-quatre heures, quarante-huit heures avaient suffi pour
cela ; on y avait transporté de la terre en quantité, créé des
bassins avec des centaines de poissons, des jets d'eau, planté
de grands arbres, des arbustes, des fleurs de toute sorte, même
de hauts palmiers. La place du collége romain était méconn-
naissable dans sa beauté, celle de Madama était féerique. Fi-
gurez-vous un grand jardin entouré de beaux vases de fleurs
naturelles rattachés les uns aux autres par de jolies guirlandes,
qui répandaient au loin une odeur suave ; des lampions partout, même parsemés dans les allées des promeneurs pour les
éclairer. Oh ! c'était un paradis terrestre. Le pont Saint-Ange,
à son entrée, avait une illumination toute particulière à la circonstance, elle etait toute papiste ; le buste du Saint-Père y
figurait pompeusement avec tous ses attributs, ses emblêmes,
des devises, des inscriptions gracieuses très-bien faites, toujours bien entendu en son honneur ; c'était là qu'il allait passer
pour rentrer chez lui. Vers neuf heures, nous arrivions sur la
place Saint-Pierre, que nous trouvâmes dans une obscurité
complète, chose étonnante, nous disions-nous : cependant c'est
l'heure où Sa Sainteté doit arriver; que faire ? La foule était
immense sur la place et grossissait toujours : les voitures remplies de curieux étaient là aussi, à la file les unes des autres,
pour attendre au passage ; nous dûmes dès lors faire comme
les autres, et nous nous plaçâmes plus commodément pour
voir arriver le héros de la fête. L'inconvénient était que n'entendant pas la langue du cocher et lui n'entendant pas da-

vantage la nôtre, nous ne pouvions en tirer aucun renseignement pour notre instruction. Enfin, vers neuf heures et demie, tout à coup une fusée qui paraissait perdue vint nous annoncer que le Pape traversait le pont Saint-Ange pour entrer dans la rue droite qui conduit à la place Saint-Pierre. En y arrivant, toute l'illumination de la façade de l'église, des colonnades qui l'entourent, des deux grandes fontaines monumentales, de l'obélisque du milieu, fut complète ; la partie du Vatican faisant face aussi ; tout prit feu à la fois comme par un seul coup de baguette. Je ne sais comment font ces gens-là, mais c'est merveilleux, ils sont joliment habiles, croyez-le. Sa Sainteté arriva subitement, après sa longue promenade en ville, au milieu de tous ces feux de Bengale de toutes les couleurs, resplendissant de lumière, parcourant en long et en large tous les passages que lui ouvrait la foule, qui ne cessait de l'acclamer par ses cris de joie, de *rive Pie IX! vive notre Père! vive le Roi!* Mais que c'était beau ! que c'était beau ! jamais de la vie on n'a rien vu de pareil ! c'était ravissant! Quelques moments plus tard, Sa Sainteté, après s'être bien montrée à tous, avoir tout vu sans doute, fatiguée, harassée, arrivant, sans se reposer, de Sainte-Agnès où elle avait assisté à l'office, rentra dans ses appartements, tout émue, dit-on, de l'enthousiasme général que sa personne sacrée avait rencontré partout. Quelle belle nuit !

Vous dire la difficulté que nous eûmes ensuite pour nous tirer de ce pêle-mêle universel, est chose assez difficile; ce ne fut qu'au bout d'une bonne heure que nous pûmes en sortir. Toutes les rues qui aboutissent à Saint-Pierre étaient encombrées; par une passait le peuple, par une autre la troupe, par la troisième celle du Saint-Esprit, les voitures au pas, à la file les unes des autres, les dragons à cheval stationnant partout pour faire exécuter la consigne, et quel ordre parfait règne dans toutes ces choses ! pas un cri, pas une égrati-

gnure, pas le plus petit accident, et il pourrait en arriver de
toute sorte, grand Dieu ! Je ne sais comment personne n'a
été écrasé dans une foule si compacte, c'est un miracle ! Moi,
j'avais toujours peur, mais le cocher me répétait sans cesse :
Ne craignez pas, il n'arrive jamais rien. En effet, ils condui-
sent si bien, ils sont si adroits, si prudents, qu'ils se tirent
toujours de tous les dangers. Au sortir de ce labyrinthe
presque sans issue, nous continuâmes notre route, un peu
plus à l'aise ; jusqu'à minuit, heure à laquelle nous rentrâmes
tous au logis pour nous coucher : il était temps.

Mais en parlant des illuminations, irai-je oublier le feu
d'artifice qui eut lieu à la place du Peuple, sur le jardin du
Pincio, pour l'anniversaire des années du Pape? Ce fut encore
un spectacle merveilleux. J'eus l'insigne faveur d'un billet
de tribune réservée, privilége que je dus à la gracieuseté de
notre vénérable évêque Mgr Place, qui, dans cette occasion,
comme dans d'autres encore, ne m'a jamais oubliée, je lui en
serai toujours très-reconnaissante ; j'étais donc très bien
placée, très bien abritée pour la nuit, au milieu d'une excellente société parfaitement choisie, et je pus à mon aise jouir
de tous les agréments de la fête. sans avoir à en supporter
le plus petit inconvénient. Ces pièces d'artifice, au milieu
de tous ces arbres, de ces arbustes, de ces fleurs, de ces
plantes roses, fut encore d'un effet magique. Je ne sais
vraiment comment on fait pour obtenir de si beaux résultats;
dans aucun pays on ne voit rien de semblable, pas même à
Paris; c'est magnifique ! Aussi que de monde, que de curieux
pour voir ça! La grande place est comble, et chacun voit très-
bien, parce que toutes les pièces d'artifice se développant
sur une hauteur, on n'avait pas besoin de se hisser les uns
sur les autres pour voir, il ne fallait que regarder en l'air
devant soi, celui qui était devant vous ne vous gênait en

rien. Comme toujours, heureusement, il n'arriva aucun accident dans cette grande foule d'où l'on se retira très-content. Je voudrais bien qu'à Marseille, par exemple, l'on fît venir des ouvriers romains pour confectionner quelque chose de semblable sur la montagne Bonaparte ou la colline de la Vierge de la Garde, ça pourrait être aussi très-beau, et nous attirerait beaucoup d'étrangers, des environs surtout. Je reviens à mon sujet dont je me suis bien éloignée, c'est-à-dire aux fêtes de Pâques. Je devais partir la seconde fête, le 18 ou le 20, Pâques étant le 17 avril, mais à cause du feu d'artifice qui fut renvoyé au 20, je retardai mon départ de quelques jours, c'est-à-dire une quinzaine, jusqu'au 5 mai. Je profitai alors de ce temps pour les dernières courses que j'avais encore à faire. Les beaux jours étant revenus, la campagne s'é-tant reverdie, je courus de suite à Albano, Castelgandolpho, palais d'été du Saint-Père où il va passer la belle saison. Il n'a rien de splendide, mais la situation en est délicieuse, la vue charmante sur un immense lac, d'un côté, de grands jardins et de beaux ombrages; le Pape s'y plaît beaucoup, dit-o . La distance de la gare d'Albano et de la ville est très-peu de chose, sur le chemin de fer de Naples, très-couru constamment, ce qui facilite le plaisir des touristes : la journée est remplie quand on se décide à faire une seule de ces charmantes excursions. Frascati est encore un délicieux petit pays, Tivoli de même; on y trouve partout de belles eaux, des cascades presque aussi belles que celles de Saint-Cloud, des palais, des ombrages délicieux. A Frascati, on visite un collége tenu par les Jésuites, dans le beau palais Borghèse, qu'on a mis gratuitement à leur disposition pour cela ; les enfants y sont très-nombreux et ils y sont si bien! Il y a là tout ce que les parents peuvent désirer pour eux. Nous passâmes les quatre heures de la matinée, de huit heures à midi, à faire à pied, toutes ces jolies promenades, y compris la messe entendue dans une très-belle église de la ville. L'angelus sonnant, nous rentrions à l'hôtel pour faire un assez bon, mais très-cher dîner. Tout de suite après, nous repartions pour une course à ânes dans les montagnes, et pour voir un certain couvent qui se nomme des Camaldules, où les hommes seuls, nous dit-on, sont admis. Nous ne pûmes que le contourner extérieurement, pendant que les messieurs le visitaient à leur aise. Puis nous fûmes parcourir les ruines du palais de Cicéron, le théâtre, le cirque, etc. (cela se trouve sur de grandes hauteurs), toujours sur nos burlesques montures, suivis par nos guides accompagnateurs qui ne quittaient pas un instant la bride, pour ne pas nous exposer à dégringoler, mais nous étions très-bien. Moi, d'abord, je ne voulais pas me risquer sur un âne, il y avait très-longtemps que je n'avais pas fait de pareille sottise, depuis les courses d'Enghien et de Montmorency; je refusai donc de me mêler à la cavalcade, et j'offrais d'attendre à l'aise le retour en me promenant dans le pays, mais on ne me pressa avec tant d'instance, on me répéta à l'envi que je faisais manquer la partie, que personne ne voulait aller si je n'allais pas aussi, qu'on y renonçait, qu'enfin je cédai pour ne pas faire acte de poltronnerie, et je fis comme les autres ; je montai sur mon âne qui, se trouvant de très-bonne composition dans cette famille, ne me causa aucune crainte pendant ce voyage. Le guide qui le conduisait était un brave garçon de douze ans, très-gentil, très-attentionné, et nous voilà tous en route. Quelques messieurs marchèrent, mais furent très-fatigués au retour. La partie fut charmante, très-gaie, sans qu'il nous soit arrivé le plus léger accident; nous rîmes beaucoup, surtout de notre bravoure, et le soir, à la nuit, nous reprenions encore tous ensemble le chemin de fer pour Rome, qui n'est qu'à une demi-heure de distance de Frascati. Le surlendemain nous repartions pour Tivoli; là encore de beaux ombrages, des cascades, des ruines parfaitement conservées, des antiquités, des palais modernes, des promenades à âne. Grand Dieu ! que de choses à voir ! Mais il faut être raisonnable, et le soir, à la nuit, nouveau départ pour Rome. Notre premier projet avait été de coucher à Tivoli pour aller le lendemain à Subiasco, charmant pays encore, mais cela demandait trop de temps ; c'est bien loin, il faut la journée entière pour s'y rendre, y coucher, s'enfoncer dans les montagnes où nous n'étions pas en sûreté sans armes, les brigands y faisant aussi de temps à autre des excursions pour arrêter et dévaliser les voyageurs. Le tout ensemble nous fit reculer, la peur s'ensuivit, nous trouvâmes qu'il était prudent de nous en retourner, c'était assez, et adieu Subiasco !

Je dirai encore, en passant, que j'avais fait connaissance à Rome d'une jeune Anglaise dont je ne me rappelle pas le nom : elle pouvait avoir une trentaine d'années, voyageant toute seule absolument ; elle arrivait de Syrie, de Jérusalem, de toute la Palestine, que sais-je ? Elle s'était trouvée à Athènes avec toute cette famille anglaise dont plusieurs d'entre eux périrent d'une manière si affreuse par les mains des brigands à Hautefaye ; elle me contait toute cette épouvantable histoire, et le moment où, à table d'hôte, ne les voyant pas arriver, on disait en riant : Ils ont été pris par les brigands. Hélas! ils ne disaient que trop vrai, et le lendemain, toute cette belle affaire leur fut communiquée. Jugez, dès lors, si nous aussi nous ne devions pas craindre de rencontrer d'autres brigands à Subiasco, quand on vous dit qu'il y en a. Cette demoiselle était toute convertie au catholicisme depuis dix ans, mais comme elle était exaltée, comme elle aimait le Pape, elle était toujours à sa suite, autant que possible ; je l'ai laissée à Rome pour attendre les fêtes du prononcé du Concile sur le dogme de l'infaillibilité, pour la Saint-Pierre.

J'avais aussi parcouru, avec le plus grand intérêt, dans mes tournées, les vastes plaines de Mentana ; j'avais aperçu de loin la pyramide qui surmonte un tombeau élevé à tous ceux qui tombèrent sur le champ de bataille. J'avais aperçu de loin aussi, de Lorette, les montagnes de Castelfidardo, etc., le monument élevé au malheureux, mais illustre général de Puymodan. C'était assez : le 5 mai était là, comme je l'ai dit, jour fixé pour mon départ, et il fallut s'exécuter; j'avais terminé mes cinq mois de séjour à Rome, je me réservais le sixième pour parcourir le nord de l'Italie, car le midi m'était assez connu ; alors mon voyage serait complété en entier, ma santé ayant été et demeurant parfaite, au milieu de toutes ces fatigues, car je n'ai jamais eu la plus légère indisposition, pas même un rhume, que j'attrape assez facilement dans mon pays, sans presque bouger de ma place.

Adieu donc, belles contrées, à qui j'adresse en les quittant ces quelques vers de ma façon :

> Je te laisse à regret, ô terre hospitalière,
> Rome, où tout est si grand, et d'où vient la lumière ;
> Je te quitte aujourd'hui pour ne plus te revoir ;
> Mais en venant à toi, j'ai rempli mon devoir.

Mais il me revient qu'après avoir longuement parlé de mes journées, je n'ai rien dit absolument de mes soirées intimes. Journellement je passais la première partie à lire ma bonne *Gazette du Midi*, que j'ai toujours reçue régulièrement et qui me mettait au courant de ce qui se passait à Marseille, chose que je trouvais si agréable à connaître. Puis, la seconde partie était pour recevoir les visites de mes amis quelquefois, et la troisième était consacrée à une partie d'écarté à 5 centimes, que je faisais avec ma bonne voisine, M^me Giraud, dont j'ai parlé et qui, pendant tout mon séjour à Rome, a été pour moi si aimable, si prévenante, et qui a tant pleuré quand je suis partie.

Combien je désire la revoir et l'embrasser de tout mon cœur; aussi je lui fis mes adieux de cette manière, toujours sur l'air de Monpou.

PREMIER COUPLET.

Adieu, bon voisinage,
Pour nous, plein de douceur,
Consolation de l'âge
Qui crée un vrai bonheur.

2<sup>e</sup> COUPLET.

Adieu nos causeries
Des heures de loisir,
Jeu dont les fantaisies
Variaient nos plaisirs.

3<sup>e</sup> COUPLET.

O douces promenades
Dans les beaux jours d'hiver,
Autour de vos cascades
Nous allions chercher l'air.

4<sup>e</sup> COUPLET.

Enfin, pour la veillée,
Nous cherchions à nous voir,
La petite assemblée
Là se disait bonsoir.

5<sup>e</sup> COUPLET.

Adieu, doux voisinage
Si rempli de douceur,
Qui fut dans ce voyage
Pour nous un vrai bonheur!

Dans la seconde partie de la soirée, je recevais la visite de mes nouveaux amis et de mes connaissances de voyage; c'étaient le bon M. l'abbé Tolra de Borgas, chapelain de Saint-Louis-des-Français, mon voisin; M. le baron Fernand de Foresta, zouave pontifical, qui se mettait, autant que son service le permettait, à ma disposition, m'accompagnant partout où je le désirais avec une complaisance et une amabilité toujours égales. C'était M. le baron Albert de Roux, mon compatriote ; M<sup>me</sup> la comtesse Urbain et sa charmante famille, si pieuse, que j'aimais tant, qui était aussi si bonne et si affectueuse pour moi ; c'était M. le curé Llioucy, du diocèse de Perpignan, qui fut aussi mon voisin pendant deux mois, porte à porte, qui, régulièrement tous les jours après son dîner et ses offices, venait passer le reste de son temps chez moi. C'est lui qui a été presque toujours un de mes compagnons de courses et de voyages : il était si bon : il venait dans cette visite me conter tout ce qu'il avait fait pendant la journée, tout ce qu'il avait vu d'intéressant, tout ce qu'on lui avait dit de nouveau ; il me faisait part de ses projets pour le lendemain, quelle serait la chapelle ou l'église en fête où il dirait sa messe ; alors moi et Marie, de bon matin, nous ne manquions pas de le suivre partout pour entendre sa messe et communier souvent de sa main sur le tombeau de tous les saints que nous visitions, ainsi que des bienheureux.

Que de saintes choses nous avons vues ensemble, où le plus souvent il nous faisait ouvrir les portes, quelquefois même où les femmes n'entrent pas d'habitude et sans une autorisation spéciale du Souverain-Pontife! Quand on l'exigeait, il allait lui-même la demander au Vatican. Que de courses lointaines à Sainte-Marie-Majeure, à Sainte-Marie-des-Anges, à Saint-Sébastien, à Sainte-Croix-de-Jérusalem, à la prison de saint Pierre ou sur son tombeau, à la Confession, à Mamertine, à Saint-Pierre-Monterio, aux diverses catacombes, au palais des Césars, qui aujourd'hui appartient à Napoléon III, d'où il tire un argent incroyable des marbres qu'il fait extraire des carrières; on y fouille toujours; c'est, dit-on, un travail considérable qui rapporte beau-

coup. Ce même Bonaparte a aussi à Rome le palais de Læ-
titia Bonaparte.

Je cesse ma narration car elle ne finirait pas de longtemps.
Eh bien, après toutes ces journées, ces soirées si cordiales,
depuis notre séparation à Pise, je ne sais plus ce qu'est devenu
ce bon M. Llioucy; je n'ai plus reçu aucune nouvelle de lui. Oh!
que c'est triste de rompre ainsi brusquement de si douces re-
lations; c'est même cruel, je puis dire, quand on s'est vu si
longtemps d'une manière aussi suivie, quand on a partagé si
amicalement, sans façon, la même table, car je le retenais
aussi souvent que je pouvais à déjeuner ou à dîner; c'était si
facile pour moi qui avais mon ménage complet sur les lieux,
ce qui m'avait permis quelquefois de donner à dîner à mes
amis qui étaient si bons pour moi. Je confie dès lors à
ces pages tous les regrets que je donne à cet excellent prêtre
que je ne verrai plus de ma vie probablement, malgré tout le
désir que j'en aurais, mais en n'y comptant pas; je lui fais
donc ici un adieu bien cordial avec l'espérance de le revoir un
jour au Ciel, si Dieu me le réserve dans sa miséricorde.

Enfin, nonobstant tout ce que j'avais encore à en dire, il me
faut quitter cette chère Rome où j'étais si bien, si sainte-
ment; mon vœu étant accompli, je dus céder.

Je fus accompagnée à la gare par ma bonne M<sup>me</sup> Giraud,
M. l'abbé Tolra et M. Emy, de Marseille, résidant à Rome; ces
messieurs furent assez aimables pour me rendre tous les petits
services qu'exige toujours un départ et m'épargner tous les
embarras qui le suivent. Je leur serrai la main tristement et
je leur dis adieu. M<sup>me</sup> Giraud pleura beaucoup. Il était dix
heures du matin, un temps magnifique; mon projet n'étant
pas de me faire suivre par ma bonne pendant tout le reste de
mon voyage, je fis route seulement avec elle jusqu'à Civita,
pour lui faire prendre le bateau des Messageries et emporter

avec elle, à moins de frais tous mes bagages, ne me réservant pour moi seule qu'un sac de nuit, ombrelle et parapluie, avec le panier des provisions. Je n'eus point de peine à lui trouver des recommandations, car un grand nombre de voyageurs partaient ce jour-là même, parmi lesquels se trouvaient plusieurs de mes connaisssances ou amis, entre autres la famille Pinet de Monteyer, qui allait assister au mariage de M. Henri Olive, notre aimable et spirituel rédacteur de la *Gazette*, avec qui elle s'alliait par le mariage de ce dernier avec M<sup>lle</sup> Amat, leur petite-fille et nièce.

La mer était calme, le temps superbe, la traversée ne fut que de trente heures, personne n'eut la moindre atteinte du mal de mer, si connu et si redouté en pareil cas, et le bateau arriva le lendemain à six heures du soir, avant l'heure où il arrive ordinairement. Moi, après avoir embrassé ou serré la main à tout ce monde, je continuai toute seule ma route pour Livourne, en suivant des yeux presque toute la journée ce cher bateau. J'arrivai le soir à neuf heures et demie ; je me fis conduire tout de suite à l'hôtel d'Angleterre ; c'était la deuxième fois que je faisais cette route et c'est celle que je préfère pour aller à Rome ; elle est plus gaie, plus ombragée ; elle côtoie presque toujours la mer, on ne la perd guère de vue. J'avais fait le voyage avec deux jeunes nouveaux mariés qui faisaient leur tournée de noce, soi-disant obligée ; nous logeâmes dans le même hôtel ; c'était, il est vrai, le plus beau, et à vrai dire le plus cher.

Le lendemain, je me levai de bonne heure, je fus entendre la messe, je fis, en sortant, un petit déjeuner ; sans perdre le temps, je pris une voiture qui, jusqu'à midi, me fit parcourir la ville dans tous les sens : le port, les églises, les promenades. tout ce qu'il y avait à voir Livourne n'est pas grande. mais elle est bien bâtie, très-animée par le résultat de son commerce, et par son port ; la bonne société y est répandue partout, je la croyais une ville moins importante.

Après avoir pris mon repas de midi, je repartis à une heure directement pour Florence où j'arrivai à cinq heures ; c'était pour la troisième fois et la dernière sans doute. Là, j'avais donné rendez-vous à une dame dont j'avais fait la connaissance à Rome ; cette dame, en ma compagnie retournait aussi dans son pays retrouver son mari qui l'attendait, n'ayant pas pu la suivre ; elle était d'Avignon. Avant de me rejoindre, elle avait voulu voir Lorette, où elle n'était pas encore allée, tandis que moi, je connaissais déjà toutes ces contrées. Notre rencontre fut fixée à l'hôtel Cavour, ou j'étais déjà connue comme une ancienne habituée, et où l'on me prodiguait tous les soins, toutes les prévenances, dus à tout voyageur que l'on veut contenter. C'est au reste le premier hôtel de la ville quoique son nom ne chatouille guère l'oreille. Bref, cette dame qui, par ses combinaisons de voyage, devait arriver à pareil jour, que moi, n'arriva que le lendemain soir. Ces vingt-quatre heures perdues me firent demeurer un jour de plus à Florence, pour lui donner le temps de la connaître, et voir tout ce que j'avais déjà vu. N'importe, cette ville est assez belle pour qu'on n'ait pas à regretter le temps qu'on met à la parcourir, il est toujours bien rempli à visiter ses promenades, ses églises, son musée, sa chambre de députés qui est très-grande, mais brûlante par la chaleur qu'il y faisait le jour où nous y étions. Ces Messieurs les députés ne se prirent pas aux cheveux, comme ça leur arrive quelquefois, ce fut malheureux, car c'était pour jouir précisément de ce beau spectacle que nous y étions accourues. Mais ce fut un grand désappointement de ne rien voir de semblable, et nous sortîmes bientôt de la salle. Deux jours après nous partions pour Bologne ; je me trouvai là de nouveau en très bonne compagnie, chose qui est toujours à rechercher partout. Nous passâmes la journée à visiter la ville, qui n'a rien de curieux à voir, excepté ses rues presque toutes sous arcades comme celle de Rivoli à Paris, ou celle de Berne en Suisse.

Le lendemain, de bonne heure, nous partions pour Venise, mais en nous arrêtant vers midi à la station d'une heure et demie à Padoue. Là, au lieu de perdre notre temps à dîner en société, nous nous dépêchâmes à prendre une voiture qui nous conduisit à la ville; elle n'est rien guère plus qu'un grand village, mais ce sont les souvenirs de saint Antoine qui y attirent les étrangers. L'église de ce nom est réellement à voir, les tableaux, la vie du saint en relief sur tous les murs vous mettent bien vite au courant de tous ses travaux; le couvent est très bien conservé, mais sans religieux. Les heures passant vite, nous nous hâtâmes de revenir promptement reprendre notre wagon qui faisait semblant de nous attendre, et nous filâmes bien vite pour arriver à Venise à six heures. Je vais vous en dire toutes mes impressions bonnes ou mauvaises, favorables ou non. D'abord nous voilà sortant de la gare sur un quai qui descend en pente rapide vers la mer, qui n'est qu'un grand canal, au milieu du tapage, des embarras, du souci des bagages, des mariniers qui vous harcèlent pour prendre vos malles ou vos paquets, appelant après un gondolier en ce moment à travers tout ce pêle-mêle de voyageurs, de marchandises, de ballots, de caisses, surtout avec des gens qui ne savent où donner de la tête, qui ne comprennent pas plus votre langue que vous n'entendez la leur, c'est une vraie tour de Babel, on y parle toutes les langues de l'univers, vous en avez la tête abasourdie. Cependant, il faut se dépêcher, parce que la marée descend tous les soirs à telle heure; enfin, quand il n'y a presque plus personne sur le quai, seulement les plus timides ou les moins expérimentés, alors on vous crie à peu près : Que voulez-vous ? Une gondole à un ou deux ou trois ou quatre rameurs ? C'est qu'alors le prix est différent, parce qu'on va plus vite, bien entendu. Au reste, les prix sont fixés dans un livret. Mais le voyageur qui ne sait rien de tout cela, qui arrive à Venise pour la première fois, qui ne connaît ni le prix, ni les distances, ni où on le conduit, se jette au hasard dans la première gondole, donne le nom de l'hôtel où il veut débarquer quelque éloigné qu'il soit, et vogue la galère, à la garde de Dieu ! On est en pleine mer, dans le grand canal sans savoir où l'on va. A terre, le maître de l'hôtel compte avec tout ce monde et, s'il est un honnête homme, on n'est pas ruiné, mais seulement un peu écorché.

Le charme de la traversée, c'est qu'il ne pleuve pas, qu'on ne se trouve pas obligé de se mettre à l'abri dans la cabine avec tous les embarras que l'on traîne après soi les uns sur les autres, c'est d'avoir un beau temps ; le coup d'œil alors est ravissant, sans contredit ; toutes ces barques élégantes remplies de promeneurs qui parcourent le grand canal dans toute sa longueur ou dans sa largeur, de beaux hôtels bourgeois ou autres, de magnifiques palais qui en bordent les rives, une mer presque toujours calme, de bons mariniers qui entendent très-bien leur métier, et qui voguent d'une manière charmante, tranquillement, sans secousses, les gondoles qui se détachent de l'escadre les unes après les autres pour arriver plus vite à leur but, c'est-à-dire pour entrer, non pas dans les différentes rues, mais dans les divers petits canaux qui se séparent du grand pour aller dans un sens contraire, se rendre à leur port désigné. Tout cet ensemble est d'un effet ravissant. Alors on oublie involontairement les désagréments comme les anxiétés de l'arrivée ; plus de crainte de se noyer, plus de peur, on reprend de la joie, de la gaieté, et nous-mêmes après une bonne demi-heure de trajet, nous abordions la terre sans le plus petit accident, à l'hôtel Saint-Marc, sur la belle place de ce nom. On nous l'avait vivement recommandé depuis notre départ de Florence.

Vous dire mon opinion sur cette ville, où j'ai passé deux jours entiers, serait un peu long, et je veux abréger; cependant, j'en parlerai. Elle est belle, mais dans un sens très-original; elle ne ressemble à aucune autre; son quai sur la mer est bien propre, entouré de navires; son commerce ne paraît pas trop considérable, mais il y en a un peu. Ses églises sont belles, surtout celle de Saint-Marc, située sur la place de ce nom, avec son haut clocher devant, qui est d'une architecture très-ancienne et très-curieuse; elle est vieille, prête à tomber en ruine, son pavé n'est plus d'à-plomb, il monte et descend à vous faire perdre l'équilibre, ses vitraux les plus élevés tombent de vétusté, sa façade, les nombreuses statues qui la couvrent semblent devoir s'écrouler demain, cependant tout est encore debout à cette heure. Mais elle semble attendre tous les millions de M. le roi d'Italie pour sa réparation si pressante. Tout est vieux dans cette ville, on ne sait rien réparer, ça fait pitié. Tout est original au suprême degré; le palais des doges, transformé aujourd'hui en musée, date aussi des temps les plus reculés, c'est grandiose, mais c'est noir comme une vieille fabrique abandonnée. On ne trouve dans ce pays aucune voiture; on offrirait 50 fr., 100 fr. d'une course qu'il vous serait impossible de vous en passer la fantaisie; toutes les communications ont lieu à pied ou par bateau, et si le voisin en face de vous était à l'agonie, vous seriez forcé pour l'aller voir d'appeler un marinier pour vous faire traverser le canal, grand ou petit. Quand on porte les morts au cimetière, qui n'est pas très loin, il est vrai, sur une île, ceux qui suivent les corbillards s'embarquent de même, ce qui produit un drôle d'effet aux étrangers, on dirait une partie de plaisir. Ça peut être très-bon, je crois, dans un temps d'épidémie.

Dans la chapelle des jésuites, où il n'y a plus un seul religieux, que de richesses en tout et pour tout, c'est admirable! Maintenant cette belle église est fermée, c'est une vieille femme, une concierge, qui, moyennant quelques sous, en ouvre la porte aux étrangers. Voilà donc encore une des mille choses qui grandissent le règne du présent roi d'Italie, sans compter tout le reste!

Les divers canaux, dans les rues, ne sont pas toujours très propres, tant s'en faut, tout ce qui est saleté vient s'y jeter, et si ce n'était le flux et le reflux qui, chaque soir, vient renouveler les eaux, on ne pourrait pas tenir à cause de l'infection, surtout en été ; il y en avait déjà en mai passablement, ce qui m'incommodait très-fort. Quoi qu'on en dise, je crois que ce pays-là n'est pas sain du tout, qu'il faut y être habitué. Les quelques rues qui existent dans la haute ville communiquent entre elles par des ponts jetés par-ci, par-là, mais la plupart sont si étroits qu'on a de la peine à y passer trois personnes de front par un jour de pluie; deux personnes sous un parapluie chacune ne peuvent pas passer ensemble, il faut qu'une d'elles ferme le sien, ce qui est fort désagréable.

Le deuxième jour de notre arrivée il plut constamment, aucune voiture, comme je l'ai dit, n'existe dans le pays, pour s'en garantir. Il fallut ou sortir en se mouillant, ou s'enfermer dans sa chambre d'hôtel qui n'était pas très-gaie ce jour-là. Nous prîmes bravement le parti de sortir avec un guide pour nous accompagner, quel charme! Nous nous crottâmes comme des chiens perdus sur une grande route. Nous courions au hasard derrière le conducteur qui ne cherchait guère à nous faire rentrer, pour ne pas perdre, malgré le temps, le bénéfice de sa journée : 5 fr. sont bons à gagner; nous, nous ne disions jamais, c'est assez. Bref, la nuit vint de **bonne** heure, et force nous fut alors d'être raisonnables ; nous rentrâmes, car il était temps.

Cette manière de voyager ne pouvait pas nous aller long-temps, elle ne peut sourire à personne franchement, et dès lors nous nous décidâmes à partir, la troisième journée. Heureusement que, dans la première, nous avions visité à pied ou en gondole, toujours avec un guide, ce que nous tenions le plus à voir, c'est-à-dire, en premier lieu, le palais de Mˢʳ le comte de Chambord, situé sur le grand canal, palais où aujourd'hui il n'y a plus rien que son magnifique portrait ; un ancien et fidèle concierge bien dévoué, vous montre tout ce qu'il en reste. Le prince est à cheval, son chapeau à la main, saluant gracieusement tous ceux qui se portent sur son passage ; oh ! qu'il est beau ! Maintenant, on ne demande plus à visiter le palais du comte de Chambord, mais seulement à voir le por-trait de ce prince. Je demandai cependant avec beaucoup d'instance quelque petit objet qui lui eût appartenu en propre, fût-ce même un simple morceau de papier contenant quel-ques lettres de son écriture, la moindre des choses qui fût à son usage, mais il n'en existait plus rien ; tous les Français qui étaient venus avant moi ont tout emporté dans ce genre-là. Je n'eus pour fiche de consolation que quelques photogra-phies bien précieuses sans doute, mais rien de plus.

De là nous fûmes, toujours en gondole, au palais de Mᵐᵉ la duchesse de Berry ; celui-là existe encore dans toute sa splen-deur, ses dorures, sa magnificence ; il y avait alors si peu de temps qu'elle l'avait quitté pour aller mourir si promptement près de son cher fils. Le jour où j'ai visité ce palais, il était encore intact, les meubles. les portraits de famille, les tentu-res, c'était vraiment à voir ; c'est là qu'elle recevait l'hiver toute la bonne société de Venise. On me disait que, malgré son âge, elle était toujours une femme charmante. bonne musicienne, peintre, pratiquant les arts, donnant des concerts, des fêtes, des réceptions splendides, c'était toujours enfin, la bonne duchesse si aimée et si recherchée à Paris, n'ayant rien perdu à Venise de tout ce qu'elle avait de bon et d'aimable. Le prince, lui, ne donnait que des dîners, sa table était ouverte à tous les Français, mais pas de fêtes, tout était grave, sérieux, et se bornait à la conversation; ce n'est pas un homme léger en quoi que ce soit, que M. le comte de Chambord. De toutes ces habitations princières que nous avions tant à cœur de parcourir, il ne nous restait plus que celle de M^me la duchesse de Parme, quand elle venait passer quelque temps chez sa mère ou chez son frère avec ses enfants, mais ce palais est bien simple, je n'ai pas le cœur d'en rien dire. Qu'est-il besoin de parler des divers sentiments qui agitaient mon âme en parcourant ces demeures si chères en souvenirs précieux, quoique inhabitées. Leur langage était bien éloquent, pour moi surtout. Après avoir parcouru en entier les appartements du prince, même ceux de M. et M^me de Foresta au deuxième étage, nous reprîmes notre fraîche gondole.

Ce que je trouvai de très curieux à Venise, ce fut la fabrication de la verroterie pour les perles, pendants d'oreilles, colliers, bracelets, tous les objets de parure; j'ai passé là une grande heure dans l'admiration. Combien c'est merveilleux de voir travailler tous ces ouvriers, toutes ces ouvrières, à des objets si différents les uns des autres, créer la perle! oh! que beau! On est là, bouche béante, devant tous ces prodiges de l'invention humaine, je n'en revenais pas. Après bien du temps, ma compagne et moi fûmes faire nos achats dans le magasin pour nos petits souvenirs de retour à nos amis de France, et sortîmes pour aller visiter le palais royal; nous ne le pûmes pas ce jour-là parce que le prince Humbert avec sa femme étaient dans la maison. Une des façades de ce palais donne sur la place Saint-Marc, elle est entourée de jolis magasins garnis de toutes sortes de choses, mais construits sous des arcades à l'abri de la pluie, de la neige, et presque sans jour, cela se conçoit. Que de beaux palais possède en ce moment ce nouveau roi d'Italie! Je ne saurais les compter tant le nombre en est grand; le moyen, il a tout pris; oh! le beau voleur! Enfin, ayant tout vu le troisième jour, nous quittâmes cette ville sans regret: quant à moi, elle ne m'avait pas enchantée, elle est trop singulière à mon avis.

Nous voilà sur la route de Milan, et laissant à grand regret derrière nous celle de Trieste, mais je n'étais pas résolue pour cette fois de faire le tour du monde; ma compagne ne voulait plus me suivre, c'était trop téméraire d'aller seule jusque-là, surtout si j'avais remonté l'Allemagne pour aller visiter Frosdhorf, comme j'en avais la fantaisie; je dus céder à la raison et à la prudence; aujourd'hui, j'en ai du regret, parce que ce ne serait plus à faire.

Quelle belle ville que Milan, quelles grandes rues, de superbes places, de belles églises, magnifique cathédrale, immense galerie vitrée, plus belle que celle du Palais-Royal de de Paris, le soir son illumination au gaz est féérique. Les cafés, les magasins, les marchands, la foule, tout s'accorde pour en rendre l'effet grandiose, les promeneurs et les gens sans affaires en font leur délice journalier, c'est charmant. On y trouve tout ce que la ville possède de plus riche, de plus somptueux, la société est très bien composée, les toilettes remarquables, enfin c'est le rendez-vous adopté par le beau monde et les étrangers. Il en était de même autrefois au Palais-Royal à Paris, on le citait en toutes choses, mais aujourd'hui quel changement, quelle décadence! Je pris bien vite en courant une journée de mon séjour à Milan, pour aller voir Pavie, sa cathédrale et surtout sa chartreuse si renommée, la distance qui la sépare de la grande ville, n'est que d'une demi-heure en chemin de fer. J'ai vu là, sur cette route, d'immenses plantations de riz, il croît dans l'eau, la terre est submergée totalement, et l'on traverse au milieu de ce qui ressemble à un lac s'étendant au loin. La ville n'est pas grande, ni belle, elle est, à mon sens, au-dessous de la réputation qu'on lui fait, l'on met peu de temps à la parcourir: aussi, après mon mauvais dîner, je courus tout de suite prendre une voiture pour me rendre à la Chartreuse, qui est à une bonne heure de là. J'y trouvai un grand nombre d'étrangers, qui, comme moi, étaient émerveillés de toutes les richesses de cette église, et de la magnificence de la principale chapelle que l'on tient fermée et pour cause... L'autel est tout en marbre de différentes couleurs, parfaitement assortis, plus de l'or, mêlé de pierres précieuses, d'une quantité incalculable ; toutes les fleurs en pierres éblouissantes sont enchassées en relief et, comme si on venait de les jeter à l'instant même dans toutes les crevasses de ce porphyre, de ce marbre antique, de ce jaspe, que sais-je ? De tout ce qui est connu dans l'univers en fait de beauté, de richesses de ce genre, c'est ce que j'ai vu de plus admirable, on est en extase, croyez-le bien. Nous visitâmes tout le couvent, où sur quarante religieux qu'ils étaient jadis, ils ne restent plus, grâce à la générosité du présent roi, que dix, qui sont là comme gardiens de la maison. Pauvres gens! oh! que de tristes choses se passent aujourd'hui dans tous ces pays, hélas ! Je retournai le soir à Milan rejoindre ma compagne, qui n'avait pas voulu venir avec moi. De même, après avoir tout vu, excepté cette fois le palais royal, où l'hôte couronné trônait dans son intimité de famille, nous repartîmes pour Turin après trois jours de demeure à Milan; nous avions fait là encore de nouvelles connaissances : un monsieur, sa femme et sa fille, charmante famille aussi d'Avignon. De plus dans le même wagon première classe, nous trouvâmes deux nouveaux mariés très-aimables. Tant de pris. Arrivés à Novare, ces jeunes époux annoncèrent leur intention de ne pas continuer leur voyage jusqu'à Turin, et de s'arrêter à cette station pour prendre le chemin de fer d'Arona, qui vous conduit jusqu'à la gare du lac Majeur. Jugez si j'allais perdre tronquillement l'occasion favorable qui se présentait si naturellement à moi de connaitre le lac Majeur ; je bondis de joie, et sur-le-champ, sans plus y réfléchir, je dis adieu aux autres voyageurs, j'embrassai ma compagne, qui, elle, toute contente, allait terminer son voyage avec des compatriotes qni lui plaisaient beaucoup, et surtout faire sa rentrée en France plus promptement par Suze et le mont Cenis, ne se trouvant plus, après la descente, qu'à une journée de son pays, ce qui la rendait très heureuse. Adieu donc.

Moi je suivis bien vite mes nouveaux compagnons ; je laissai mon sac de nuit à Novare pour y reprendre le train de neuf heures du soir, et celui-ci nous fit arriver dans une demi-heure à Arona. Là nous nous embarquâmes tout de suite, le bateau attendait à la minute les voyageurs, et vogue à toute vapeur sur le lac Majeur ! Le temps était magnifique, beau soleil, calme parfait, les eaux limpides, très-bonne société sur le pont : qui voulut y dîner ou goûter, put le faire ; on s'amusa beaucoup. Le bateau côtoyait presque toujours les rives pour prendre où laisser des voyageurs aux différentes stations ; il passa majestueusement devant la colossale statue de saint Charles Borromée, et certainement on eut bien le temps de l'admirer à l'aise, soit en allant, soit en retournant, car on la voit de si loin ; puis il fila jusqu'aux îles de ce nom, où existe encore le château de cette grande famille, avec tous ses ombrages, ses promenades, ses kiosques, et ses bosquets; c'est délicieux à parcourir, quand le temps vous le permet. Puis aux heures réglées, tous les passagers qui ne veulent pas prolonger leur voyage plus avant, s'en retournent de là pour reprendre tout de suite, sans perdre une minute, le train d'Arona, qui les ramène à Novare pour neuf heures du soir, et les autres continuent leur route dans la direction qu'ils désirent. Les compagnies de chemin de fer s'entendent très-bien à ces combinaisons, et profitent de tout dans leur intérêt. Moi, toujours en courant, je retournai vers mon train, à son passage, et, au milieu d'une belle nuit, j'arrivai à Turin pour souper et me coucher.

Mais je reviens bien vite à notre promenade sur le lac Majeur. Quel beau coup d'œil sur toute cette grande étendue! Tout était vert aux alentours; le fond de l'horizon, tout à fait au bout, semblait seulement se préparer à l'orage, il était noir à faire peur; je ne sais si les courageux qui sont allés jusque-là n'ont pas eu à s'en repentir. Il y a un autre bateau qui vient prendre les voyageurs qui veulent aller plus avant et rentrer par la Suisse.

Les Anglais étaient en grand nombre sur le bateau; ils firent les fiers et les orgueilleux tout à leur aise; puis, sans se gêner, ils se firent servir sur le pont un splendide dîner à quatre services au moins, comportant toutes sortes de plats les plus recherchés, mais probablement commandés d'avance et sans doute d'un prix fabuleux. Alors, dames. demoiselles, messieurs, se mirent à table et, au nez ou à la barbe de toute la noble compagnie. ils ne se tirèrent pas mal de leur affaire, croyez-le. Moi, je ne m'occupais pas plus d'eux qu'ils ne s'occupaient de moi; je les laissai là, au beau milieu, pour aller m'asseoir sur un modeste banc, le visage tourné du côté de l'eau, humant l'air à pleins poumons et grignotant mon pauvre petit goûter, comme une marmotte en vie, ce qui, soit dit en passant, avait son petit agrément, et me procura le plaisir d'une connaissance nouvelle. Ce fut celle d'une dame et sa fille, de Bordeaux; ces dames, très-bien élevées, d'une société on ne peut plus agréable vinrent comme moi sur un coin du bateau, demander une place à mon pauvre banc pour goûter aussi. Je leur en fis part, bien entendu, avec le plus grand plaisir, et. dès lors, causerie s'en mêlant, nous nous liâmes assez pour qu'il nous fût agréable d'aller jusqu'à Turin ensemble, loger dans le même hôtel, demander nos chambres l'une à côté de l'autre, prendre nos différents repas à la même table, tout cela à l'hôtel du Cygne, vis-à-vis la gare. Me voilà donc de nouveau en très bonne compagnie. Le lendemain matin, nous partions toutes les trois pour nos courses dans la belle ville de Turin; nous visitions les églises, le musée, le palais royal, qui est encore très-beau, celui de la princesse de Gênes, qui est charmant sans être somptueux, tous les lieux publics, places, promenades. etc., etc. Tout est à voir. Turin est une grande ville, bien propre, bien percée, les rues longues, bien alignées sans contours, les places grandes, les palais des seigneurs très-beaux extérieurement, un arc-de-triomphe magnifique, élevé par le premier empereur avec les canons pris à l'ennemi, à son retour de ses guerres d'Italie. Comme ils étaient trop lourds pour les emporter bien loin, il les fit fondre et employer sur place en l'honneur de ses victoires sans nombre. Vis-à-vis ce monument admirable de travail, tout en bronze, dont les bas-reliefs représentent toutes les batailles remportées par les armées françaises. se trouve un hôpital militaire, grand, superbe, qui ressemble plutôt à un palais qu'à l'objet de sa destination.

J'aurais bien voulu aller jusqu'à la Superga, lieu de sépulture des princes de la maison de Savoie. Le monument, de loin, paraît très-beau, mais ces dames ne voulant pas venir jusque-là, il me fallait encore, une journée de plus. prendre une voiture très-chère pour moi seule; j'y renonçai, mais je le regrette, parce que je n'aime pas laisser derrière moi, sans espoir de les revoir jamais des lieux incontestablement curieux, que l'on rencontre presque sous tous ses pas en voyageant. Enfin, il faut s'en consoler. Bien des choses à dire encore doivent m'échapper aujourd'hui, mais comme tous les touristes je dois écrire la vérité, et répéter que Turin est une belle ville, où l'on doit s'arrêter pour la connaître, et non lui donner un coup d'œil en passant. On ne perd pas son temps quand on la parcourt en entier.

Le troisième jour dans l'après-midi, je pris congé de mon petit monde qui allait prendre la route de Suze, et toute seule je partis pour Gênes, par Alexandrie. Toujours le même courage, la même santé, les mêmes forces, le même entrain, sans aucune fatigue de corps, j'arrivai dans la soirée pour la seconde fois à mon ancien hôtel des Quatre-Nations. On y est si bien, quand, comme moi surtout, la charmante maîtresse de la maison vous prend sérieusement en affection, j'ai en elle presque une amie, elle m'aime, m'embrasse, me soigne, me dorlote, m'envoie des domestiques à chaque instant pour me demander si je n'ai rien à leur commander, si je n'ai point de commission à faire faire, si je ne veux pas la voiture pour me promener en ville, si j'ai bien dormi, à quelle heure je désire qu'on me monte mon déjeûner. Enfin, cette dame est aussi bonne que jolie, c'est-à-dire beaucoup; tout en elle est séduisant. Mais, malgré le charme de cette habitation, il me fallut la quitter le deuxième jour pour reprendre le chemin de mon triste chez moi. J'avais d'abord balancé à Turin de revenir par Suze, pour connaître une nouvelle route qui m'était peu sympathique. Mais la neige qui recouvrait encore toutes ces montagnes, me fit reculer, le froid me fit peur, j'étais plus sûre du

bean temps dans la traversée de la Corniche, et plus vite rendue, car six mois complets de voyage me donnaient de temps
à autre quelques désirs de retourner. J'étais maintenant si
près de Marseille, qu'il ne me fallait plus que le dernier saut,
c'était assez. En second lieu, j'avais encore à Gênes le choix, si
je le voulais, si le temps était beau, de revenir par mer : en
effet, un bateau partait directement ce jour même, sans s'arrêter à Nice, le temps était superbe, bon soleil chaud, journée
délicieuse en apparence. Je me dis en moi même : Dois-je
prendre le bateau, que faire ? Si le temps continue, ainsi la
traversée sera charmante, mais ce soir, cette nuit, demain matin, ce temps, tout beau qu'il est à cette heure, peut capricieu-
sement changer, et alors, gare le mal de mer! Pourquoi s'y
exposer et se rendre malade ? La chanson ne dit-elle pas, quand
l'expérience n'est pas là chaque jour pour nous le rappeler,
que la mer est infidèle ? Alors, après toutes ces réflexions
faites dans ma sagesse je repris mon chemin de fer jusqu'à
Savone. Là, comme j'avais à passer la nuit tout entière sur la
route de la Corniche, j'avais fait arrêter d'avance, cette fois, le
coupé de la diligence pour pouvoir m'étendre tout au long et
dormir au besoin à mon aise, sans que personne ne vînt me
gêner; mais il n'en fut rien; pas plus en diligence qu'en chemin de fer, malgré mes précautions, je ne pus dormir la nuit.
J'arrivai au point du jour à Menton. Mais dans l'ignorance de
ce qui s'était passé pendant ces derniers six mois, je calculai
mal mon affaire; quand je partis, le chemin de fer n'était terminé que jusqu'à Monaco, et maintenant le voilà arrivant jusqu'à Menton. Sans doute que sous peu il sera achevé jusqu'à
Savone, pour reprendre, sans autre interruption, celui de
Gênes directement, car il est très-avancé, ce qui abrégera cette
route de beaucoup. Par exemple, les tunnels n'y manqueront
pas; ils sont, du reste, tous terminés déjà. A Menton, il me

fallut attendre jusqu'à six heures pour le départ du train ; j'eus le temps de déjeûner, d'entendre une messe, la messe des marins, de me promener daus toute la ville qui est charmante, qui a gagné considérablement depuis plusieurs années, surtout depuis seize ans que je ne l'avais vue, et qui gagne encore tous les jours à cause de tant d'étrangers qui viennent l'habiter régulièrement tous les hivers. A six heures, dis-je, je repris mon wagon avec un très-beau temps, un beau soleil, plus de froid, plus de neige, et d'un seul trait j'arrivai le soir à Marseille à sept heures, sans fatigue, en parfaite santé, toute disposée à repartir le lendemain pour ailleurs, si la chose m'avait souri tant soit peu.

# APPENDICE

1ᵉʳ Mai 1871.

Etant arrivée d'Italie les derniers jours de mai 1870, je me hâtai d'aller revoir mes champs bien aimés, et je m'y fixai comme de coutume pour le reste de la belle saison; je travaillai à la narration de ce voyage promise à mes amies dès mon départ, lorsqu'éclata cette guerre si inattendue et si funeste à notre pauvre France. Qui m'aurait dit alors que, par l'effet et la suite de nos désastres, cette belle et brillante ville de Rome, que je parcourais peu de mois auparavant avec un si grand enthousiasme, de concert avec tant et tant de voyageurs dont on ne pouvait préciser le nombre, arrivant de tous les pays connus, allait sous peu et si promptement devenir la propriété d'un voleur de couronnes et d'un accapareur de vieilles capitales, d'un envahisseur des Etats d'autrui, qu'il s'approprie sans se gêner, au vu et su du monde entier, qui le laisse faire sans protester contre une pareille iniquité! Grand Dieu! et vous ne lancerez pas vos foudres contre un misérable de cette nature. Oh! cela ne peut pas tarder, vous êtes trop juste! Rome, que j'ai vue naguère si belle, si joyeuse, si splendide, au milieu des fêtes de tous les genres qui se succédaient de jour en jour dans ton enceinte; toi, si fière au milieu de toutes ces imposantes et magnifiques cérémonies

7

religieuses que, seule au monde, tu peux offrir, parce que seule tu possèdes l'unique objet qui en fait tout le mérite, en leur donnant la splendeur, la gloire, le prestige sacré de sa personne auguste. O! saint et vénéré Pontife, vous-même, où en êtes-vous aujourd'hui? Quoi! plus de prophète pour pleurer sur vos malheurs, comme il en fût jadis pour pleurer sur Jérusalem! Oh! non, un seul homme, quelque puissante que fût sa sainteté, ne le pourrait pas tout seul; c'est l'univers entier, ce sont tous les catholiques romains réunis qui pleurent, qui gémissent sur la triste situation que vous ont faites ces barbares, c'est votre prison forcée, votre solitude, votre abandon, votre impuissance à faire le bien, vos chaînes, sinon visibles, du moins morales, contre lesquelles la chrétienté tout entière doit protester constamment : que leur avez-vous fait, à ces voisins insatiables, que l'on peut appeler une vraie forêt Noire, car il y a chez eux tout ce qui constitue le brigandage de la forêt, sinon du bien, comme au reste du monde? Que leur disiez-vous sans cesse dans vos sublimes exhortations que j'ai eu le bonheur d'entendre plusieurs fois sortir de votre bouche auguste, si ce n'est: Aimez-vous les uns les autres, respectez le bien du prochain, n'enviez rien à votre voisin, rendez à César ce qui est à César, faites l'aumône, soyez juste et probe, etc., etc. Est-ce que ce n'est pas là la divine morale de l'Evangile que vous prêchiez? Et l'exemple n'accompagnait-il pas toujours vos admirables paroles? Cependant le fiel et le vinaigre n'ont été jusqu'à présent, en imitation de Notre Seigneur, que votre seule récompense.

Je reviens à ces beaux monuments de Rome, à ces antiques et somptueuses basiliques, qu'est-ce que cela va devenir maintenant? Peut-être des clubs nationaux, des théâtres, des palais législatifs, des salles de Bourse, etc., je n'y entends plus rien, et je gémis, croyez-le bien. Mais Dieu ne viendra-t-il pas au secours de cette ville infortunée, impuissante à se défendre ? N'aidera-t-il pas ce saint Pape qui n'a que la prière pour le protéger contre les méchants, et que tout le monde abandonne ? Laissera-t-il tomber une seule pierre de ce qui existe aujourd'hui dans cette enceinte sacrée, où tant de beaux souvenirs se rattachent, et vivent encore quand même ? Non, cela ne peut pas être, et l'espérance se montre à cette heure plus vive qu'elle ne le fût jamais; la foi nous la commande, car les paroles de Notre Seigneur ne peuvent pas être mises en doute. Espérez donc, vous tous qui n'avez pas vu la Rome de 1869 et des premiers six mois de 1870, espérez que vous la reverrez un jour comme je l'ai vue moi-même, y compris la fin de son magnifique Concile qui, avec l'aide de Dieu, sera incessamment repris avec ses belles cérémonies religieuses, ses fêtes splendides, qui auront lieu le vingt-cinquième anniversaire de l'installation du bienheureux Pie IX, et tout ce qui s'en suivra de réjouissances. Je vous engage tous, mes amis, à ne pas manquer à ce rendez-vous, dont vous reviendrez le cœur et l'âme remplis de joie et de bonheur céleste. Fasse le ciel que je sois encore de ce monde pour pouvoir augmenter le nombre des heureux qui prendront part à toutes ces nouvelles jouissances et à tout ce bonheur !